Weißt du noch?
Deutsche Dichter erinnern sich

RICHARZ GESCHENKBIBLIOTHEK
Bücher in Großdruck

Weißt du noch?

Deutsche Dichter erinnern sich

Herausgegeben von Hartfrid Voss

RICHARZ GESCHENKBIBLIOTHEK
Verlag CW Niemeyer · Hameln

CIP-Kurztitelaufnahme der Deutschen Bibliothek

Weisst du noch?: Dt. Dichter erinnern sich / [hrsg. von Hartfrid Voss]. – 7. Aufl. – Hameln: Niemeyer, 1987.
(Richarz-Geschenkbibliothek: Bücher in Grossdruck)
Bis 6. Aufl. im Richarz-Verl., Sankt Augustin
Bis 6. Aufl. u.d.T.: Glückhaftes Erinnern
ISBN 3-87585-703-8

NE: Voss, Hartfrid [Hrsg.]

7. Auflage 1987
Gesamtherstellung CW Niemeyer-Druck, Hameln
Printed in Germany
ISBN 3-87585-703-8

INHALT

Vorwort zur 7. Auflage 1987

Unter dem Titel „Glückhaftes Erinnern“ erschien 1967 die 1. Auflage dieses Buches im Hartfrid Voss Verlag. Es hat inzwischen vielen Menschen Lesefreude gebracht.

Neun deutsche Autoren aus ganz verschiedenen Lebensbereichen erinnern sich; sie erzählen von Eindrücken, Erlebnissen, Begebenheiten und Erfahrungen, von bittersüßen Kindheitstagen und von erfüllten Augenblicken des reifen Lebens. Man sitzt ihnen gleichsam gegenüber, hört ihnen behaglich zu, taucht mit ihnen ein in das Land ihrer Erinnerung und erlebt so das Unvergeßliche mit, das sie im glücklichen Rückerinnern aufgezeichnet haben. Lebensweite, Lebenswärme und Heiterkeit entströmen diesen Berichten; schon die Titel der Bücher, denen sie entnommen wurden, deuten es vielfach an.

Ganz bewußt sollte in dieser Auswahl nur die freundliche Seite des Lebens zum Vorschein kommen, so wie man unter Freunden sich zumeist auch nur an die schönen, herrlichen, unbeschwerten, heiteren und genußreichen Stunden von einst erinnert: „Ja, damals...“ und „Weißt du noch?“ Mögen also diese Aufzeichnungen im Leser eine freundliche Anteilnahme finden und ihn zu eigenem glückhaften Erinnern führen.

Im Sommer 1987 *Der Herausgeber*

CARL ZUCKMAYER, 1896 in Nackheim a. Rhein als Sohn eines kleinen Fabrikanten geboren, verlebte seine Schuljahre in Mainz, war von 1914—1918 im Krieg, studierte etwas, begann zu schreiben, erlebte mit seinem ersten Stück »Kreuzweg« einen totalen Mißerfolg, lebte dann in den Inflationsjahren als »ein durchgefallener Dramatiker ohne Geld, ohne Stellung und ohne Ruhm« in Berlin, schlug sich auf mancherlei Weise durch und schrieb 1925 sein »unmoralisches« Volksstück »Der fröhliche Weinberg«, das ihm neben einem außerordentlichen Erfolg auch den Kleist-Preis einbrachte. Mit seinen weiteren dramatischen Stücken »Schinderhannes«, »Katharina Knie«, »Der Hauptmann von Köpenick« und mit seinem 1946 entstandenen meistgespielten Werk »Des Teufels General« wurde Carl Zuckmayer zum erfolgreichsten deutschen Dramatiker der Gegenwart. Zum 70. Geburtstag des Dichters erschien sein Erinnerungsbuch »Als wär's ein Stück von mir / Horen der Freundschaft«, das zu den schönsten Autobiographien der Nachkriegszeit zählt. Es ist mehr als das Memoirenwerk eines Mannes, der in jedem Sinn des Wortes Gott und die Welt kennt. Es ist mehr als eine Sammlung von Erlebnissen und Erfahrungen, die Stoff für hundert Anekdoten oder ein halbes Dutzend Romane böte. Es ist das Lebensbuch eines Dichters, bei dem einem warm ums Herz wird, denn hier spricht ein Mensch, der das Leben liebt, »das menschliche Leben, nicht in einer illusorischen Vorstellung von seiner Glücksbestimmung, nicht als einen regulierbaren Vorgang zur Erreichung möglicher Zufriedenheit, sondern das bedrohte, umstellte, unendlich tragische und unendlich freudvolle Leben der Geschöpfe, die ein Schöpfer erweckt, erschaffen, beseelt hat. Ich liebe es in Furcht und Ehrfurcht, Vertrauen und Dankbarkeit.« Diesem Buch wurde das nachstehende erste Kapitel entnommen.

CARL ZUCKMAYER

Ein Augenblick, gelebt im Paradiese ...

Wo ist man daheim? Wo man geboren wurde oder wo man zu sterben wünscht? Damals glaubte ich es zu wissen – glaubte mit einer Stecknadel auf dem Globus den winzigen Punkt geographisch bestimmen zu können, der mir selbstgeschaffene, selbsterwählte Heimat war, und wo ich mein irdisches Dasein auszuleben hoffte: es war der Ort Henndorf bei Salzburg, genau gesagt Haus Wiesmühl, im Grundbuch Neumarkt-Köstendorf als ›Fenning Nr. 3‹ mit anderthalb Joch Land und Wasserrecht eingetragen. Wenn man mich damals gefragt hätte, wo das Paradies sei, so hätte ich ohne Zögern geantwortet: in Österreich, sechzehn Kilometer östlich von Salzburg an der Reichsstraße, dicht beim Wallersee. Vielleicht erstreckte es sich von da bis in den Thalgau und nach Mondsee hinüber, einerseits, und auf der anderen Seite bis gegens Innviertel hin, soweit man es halt auf einer Tageswanderung zu Fuß durchmessen kann. Es war keine Stätte der Wunschlosigkeit, doch barg es den Kern des Glücks: denn die einzige dauerhafte Form irdischer Glückseligkeit liegt im Bewußtsein der Produktivität. Heut arbeite ich, in anderer Landschaft, wieder an dem gleichen Tisch mit der schweren, langgestreckten Eichenholzplatte, der in meiner Henndorfer Stube stand, liege nachts im gleichen, buntbemalten Bauernbett, in dem mich der Wiesmühlenbach so oft in Schlaf sang. Aber wenn man mich fragt, wo ich zu sterben wünsche, so muß ich sagen: ich weiß es nicht. Ich weiß nur: wir lebten einmal im Paradies, und es macht keinen Unterschied, ob es zwölfeinhalb Jahre dauerte oder so lang wie man braucht, um die Augen zu schließen und wieder aufzuschlagen.

Als ich, nach dem Erfolg des ›Fröhlichen Weinbergs‹, all meine Schulden bezahlt hatte und von all meinen Freunden angepumpt worden war, hatte ich, zu meinem Staunen, immer noch Geld – mehr, als man in der Tasche tragen konnte. Aber der österreichische Dichter Richard Billinger, von dem damals erst ein dünner Band mit berückend schönen Gedichten ›Über die Äcker‹ erschienen war, hatte keines. Er saß in Berlin, hatte alle Vorschuß- und Anleihemöglichkeiten erschöpft und mühte sich mit dramatischen Versuchen. So lud ich ihn ein, den Frühling – es war das Jahr 1926 – mit uns auf der Ostsee-Insel Hiddensee zu verbringen, wo wir ein kleines Haus in den Dünen gemietet hatten, unweit von Gerhart Hauptmanns damaligem Besitz. In einer stürmischen Nacht, in der ein kalter Seewind brauste und wir uns mit Unmengen von Grog etwas eingeheizt hatten, erzählte Billinger von jener einsam gelegenen Mühle bei Henndorf im Salzburgischen, die, wie er wußte, leerstand und zu verkaufen war, und zwar durch den Erben und Besitzer des berühmten Henndorfer ›Kaspar-Moser-Bräu‹, eines der ältesten Gasthäuser in Österreich. Er beschrieb die Mühle und ihre Umgebung so poetisch, so verwunschen, so märchenhaft, daß man sie nie danach hätte erkennen, geschweige denn finden können, und alle exakten Angaben (oder was er dafür hielt) über Lage, Größe, Beschaffenheit waren restlos falsch. Was er aber erzählte, erregte uns ungeheuer, und je mehr er sprach, desto verlockender schien der Besitz. Meine Frau stammte aus Österreich, und mich zog es vom Meer weg, ins Bauernland, in Wald- und Bergnähe, auch wußte ich genau, daß Billingers Schilderung, obwohl nichts von seinen Angaben korrekt war, doch im Grunde einer echteren Wirklichkeit entsprach. Nach ein paar weiteren Grogs wußte er sogar den Preis – er stimmte natürlich auch nicht –, aber mir schien alles vollständig gelöst. Mitten in der Nacht gaben wir ein Telegramm auf, an jenen mir unbekannten Gasthausbesitzer Carl Mayr, mit dem Inhalt: »Kaufe Wiesmühl, sendet sofort Kontrakt«. Am nächsten Tag kam das Antwort-Telegramm: »Besser erst anschaun. Mayr Carl«.

Bei Tageslicht und ohne Grog besehen, schien das auch wirklich vernünftiger zu sein, und so fuhren wir prompt von der Ostsee weg an die Salzach.

Nie werde ich vergessen, wie uns Herr Carl Mayr, Besitzer des alten Kaspar-Moser-Gasthofs zu Henndorf, unter den schattigen Kastanien seines erhöhten Wirtsgartens, jenseits der Straße, empfing. Es war, als wäre man beim letzten Großherzog eines der alten, höchstkultivierten Duodezhöfe zu Gast geladen. Seltsam mischte sich in seinem schon leicht ergrauten Kopf das Derbe mit dem Zarten. Es überwog jedoch, in allen seinen Zügen, eine natürliche Vornehmheit. Hals, Nacken und Nase zeugten von bäurisch robusten Einschlag, Mund und Kinn, Stirn, Augen und Hände von einer musisch beschwingten, im romantischen Sinne androgynen Verfeinerung. Seine jugendlich schlanke Gestalt, in eine von ihm selbst entworfene, elegant stilisierte Spielart der einheimischen Tracht gekleidet, bewegte sich auf Haferlschuhen aus grauem Wildleder mit Silberspangen in einer fast tänzerischen Leichtigkeit und Grazilität zwischen Küche, Gasthoftischen und der kleinen bezaubernden Gartenvilla wie die eines freundlichen Souveräns, während von seinen immer lachbereiten Lippen gelegentlich die deftigsten Schimpf- und Scheltworte ländlicher Provenienz erschallen konnten, wenn sich etwa ein Gast zur Unzeit besoffen oder sonst wie schlecht aufgeführt hatte. Es war eine Art von Aufgabe oder Prüfung, sein Gast zu sein, die nicht jeder bestand. Paßte ihm einer nicht, so kam es vor, daß er ihn mit den Worten: »Zahlen brauchens nix, aber wiederkommen brauchens auch net!« vom Tisch wies. Dabei gehörte er durchaus nicht zur Gattung der groben Wirte. Im allgemeinen hatte er für jeden ein freundliches Wort, verbreitete Heiterkeit und gute Laune in der schönen holzgetäfelten Gaststube, und besonders für die Kinder, die dort mit ihren Eltern die Sommerferien verbrachten, war er so etwas wie ein abenteuerlicher Märchenkönig. Seine Persönlichkeit hatte der ganzen Henndorfer Welt etwas von einem Märchenreich aufgeprägt, in dem wie im Sommernachtstraum Elfe und Poltergeist neben dummschlauen und kauzigen Handwerkern zu Hause waren, und der von ›draußen‹ kommende Besucher mußte erst die Märchenprobe bestehn, um seine Schwelle überschreiten zu können. So war es zunächst noch keineswegs sicher, ob wir die Wiesmühl kaufen und Carls Nachbarn werden könnten: es hing nicht so sehr davon ab, ob uns das Haus gefiel, sondern ob wir ihm gefielen. Seine Vorfahren, eine Dynastie von Gastwirten und Bierbrauern, hatten es zu beträchtlichem Wohlstand gebracht, und er selbst wie sein Bruder Richard hatten sich in ihrer Jugend, nach der Gymnasialzeit, künstlerischen Studien gewidmet und mancherlei Reisen unternommen: so mischte sich auch in seinem Wesen und seiner Lebensart das Eingesessene, herkömmliche Rustikale mit dem Weltläufigen. Immer wieder, seit ich aus Amerika zurückkam und ihn nicht mehr am Leben fand, zieht es mich zu seinem Grab in der Familiengruft auf dem Salzburger Petersfriedhof, auf dessen flachem Stein in zierlicher, von ihm selbst entworfener Schrift zu lesen steht: »Herr Carl Mayr, Akademischer Kunstmaler«.

Denn das Malen, Zeichnen, Sticken und Weben, in dem er es zu großer Kunstfertigkeit brachte, empfand er als seinen Hauptberuf, während er den Gasthof mehr als eine Art von Erbgut oder Stammschloß mit einer spielerischen Großzügigkeit, doch niemals leichtsinnig, verwaltete. Küche und Keller waren dementsprechend von exquisiter Qualität, und es war eine Lust, ihm zuzuschauen, wenn er mit der gleichen zierlichen, doch großlinigen Hand, in der er später seine Grabinschrift entwarf, die täglichen Menus für das Wirtshaus ausschrieb. Einmal habe ich ihm in der Frühzeit unserer Freundschaft ein solches Menu in Verse gesetzt, leider ging das Original verloren, aber ich erinnere mich noch des Beginns und einiger weiterer Verse:

O Sonntagsschmaus, o Gaumenwonne!
Frühherbstlich strahlt die Pflaumensonne.
In Mittagsbläue schwimmt der See.
Die Suppe schwimmt voll Milzpürée.
Milzpüréesuppe: S –.30
Ein halbes Brathuhn wählt ein Mann,
der sich zweifünfzig leisten kann. ½ Brathuhn: S 2.50
Doch wer ein halbes Backhuhn sehr
begehrt, zahlt fünfzig Groschen mehr! ½ Backhuhn: S 3.00

Und so weiter. Die Metaphern und Epitheta, die ich für Forelle, Schill und Waller, Natur- oder Wiener Schnitzel, Schweinsstelze, Paprikarostbraten, verschiedene Salate und

Erdäpfelspezien und schließlich die Gleichgewichtstorte oder die Linzerschnitten, das Gösser Bier, die Dürnsteiner, Kremser und Vöslauer Schoppenweine fand, kann ich mir nicht ins Gedächtnis zurückrufen.

Herr Carl Mayr war Junggeselle, und hinter der noblen Heiterkeit und gelassenen Grazie seiner Lebenshaltung spürte man einen Hauch von tragischer Einsamkeit, die abseitige Schwermut des Spätgeborenen, des Erben hofmannsthalscher Prägung – die, grade durch ihre sensible, aber niemals kalte Distanz, seine Freundschaft noch kostbarer und liebenswerter machte. Obwohl Stimmungen stark unterworfen, hatte sein Wesen nichts Launisches oder gar Unzuverlässiges. Seine Stimmungen waren die eines ungewöhnlichen Instruments, das eine falsche oder grobe Hand nicht zum Klingen bringt. Und wer auf der Welt könnte einen jemals noch mit soviel Freude am Gegenstand, am Material, am Schönen, am Originellen, und am Freudebereiten, mit soviel Kenntnis und Geschmack beim Einrichten einer Wohnung, beim Kauf eines Möbelstücks, bei der Planung einer Gartenlandschaft beraten und helfen? Weit über den Verlust des ›Henndorfer Paradiesgärtleins‹, weit über seinen Tod hinaus bedeutete sein Dasein für uns eine bleibende Bereicherung der eigenen Existenz, so wie die Begegnung mit einem unvergeßlichen Kunstwerk, in dessen Betrachtung und Nähe man eine gute, vielleicht die beste Zeit des Lebens verbringen durfte. Die Tränen sind mir nah, wenn ich seiner in der unbekannten Transfiguration der Ewigkeit gedenke. Aber es sind Tränen einer beglückenden Bewegtheit, einer dankbaren Ahnung von Schönheit und Harmonie.

Hier muß ich, über eine Flut von Jahren hinweg, ein Erlebnis einschalten, dem nichts ›Übernatürliches anhaftet, das aber für mich in den Bereich des Wunderbaren gehört. In Carl Mayrs kleiner Villa, gegenüber dem Wirtshaus und mit der Rückseite an den Gastgarten anschließend, befand sich, zu ebener Erde, ein sogenanntes ›Gartenzimmer‹, dessen Glastür und große Fenster wie eine durchsichtige Wand auf seinen in gepflegtem Wildwuchs strotzenden Privatgarten hinausgingen. Die rückwärtige, oval geformte Wand dieses Zimmers hatte er mit einer ihre ganze Breite einnehmenden, handgemalten Tapete verziert, die eine sicher sehr wertvolle Rarität darstellte: sie stammte nämlich aus dem amerikanischen Biedermeier und zeigte in einem freskenhaften Figurenreichtum Landschaften, Gestalten, Volksgruppen und Merkwürdigkeiten aus dem amerikanischen Leben des neunzehnten Jahrhunderts in idyllischer Anordnung und romantischer Verklärung: Damen und Kavaliere, von weißer und schwarzer Hautfarbe, in vornehmer oder volkstümlicher Gewandung, Reiter und Ausflugs- oder Postkutschen, die Umrisse des alten New York und die Segel auf der lichtblauen Bucht, die spielzeughaft primitive erste Eisenbahn, von einer Lokomotive mit Trichterschornstein und hohen Speichenrädern über eine Flußbrücke gezogen, weiße Säulenhäuser vor Wolken von hangendem Laub, ferne wetterumzuckte Gebirgszüge und in der Mitte die gleichsam im Sturz gefrorenen, eisschimmernden Wassermassen des Niagarafalls – in dessen Seite in einer dämmerigen Märchengrotte, mit phantastischem Federnkopfschmuck und vielen Goldreifen geziert, die schöne Häuptlingstochter träumte. Die ganze Komposition, genannt ›Le Voyage en Amérique‹, in äußerst kurzweiliger Anordnung, so daß man nie müde wurde, sie zu betrachten, weil man immer neue, immer amüsante Details darauf entdeckte, war von einem französischen Künstler der Zeit entworfen und in freundlich abgetönten Farben ausgeführt. Carl Mayr hatte die Tapete in München, Wien oder Paris erstanden und so kunstvoll in seinem Gartensalon angebracht, daß sie wie ein eigens dafür geschaffenes Wandgemälde wirkte. Ich erinnere mich gut, wie er zwischen Kaffee und Likör mit Pinsel und Farbe an der Ausbesserung ihrer schadhaften Flecke zu arbeiten pflegte: hier einen Glanzpunkt auf die Stiefelspitze des mit Kratzfuß scharmuzierenden Negerkavaliers, dort einen Tupfen Rot in die Federkrone der Indinanerprinzessin. Abends, wenn die Kerzen angezündet wurden oder das Mondlicht durch die Glasscheiben fiel, schimmerte die ›Reise in Amerika‹ in vielen phantastischen Facetten, und wir sahn in mancher Nacht unsre eignen Schatten darauf tanzen. Einige Jahre später, nachdem Carl das Wirtshaus aufgegeben und sich ganz ins Privatleben zurückgezogen hatte, schien es ihm wohl vorteilhaft, die Tapete zu verkaufen, vielleicht hatte er sich auch daran sattgesehen – kurz, eines Tages wurde sie vorsichtig abgelöst und eingerollt, um bald darauf durch eine ebenso minutiös von ihm ausgebesserte, aber weniger phantastische Empiretapete ersetzt zu werden. In unsrer Erinnerung aber war das ›Gartenzimmer‹ immer noch von den Figuren und Farbträumen der amerikanischen Reise‹ belebt.

Viele Jahre nach meiner Flucht aus dem besetzten Österreich, schon gegen Ende des Kriegs – in einer Zeit, in der man jede Postverbindung, jeden direkten Kontakt mit den Ländern hinterm ›Atlantik-Wall‹ verloren hatte –, wurde ich drüben in Amerika einmal von Freunden aus meiner Vermonter Farm- und Waldeinsamkeit weggeholt, um einen amerikanischen Schriftsteller kennenzulernen, der sich einige kleine Autostunden weit in einer Ortschaft des alten, kolonialen Neu-England angesiedelt hatte. Charles Jackson war sein Name, er hatte grade mit seinem auch in Europa später bekanntgewordenen Buch ›The lost Weckend‹ einen sensationellen Erfolg gehabt: der Mann wußte, wovon er schrieb – es war die Geschichte eines Trinkers, nämlich seine eigene.

Vom Erlös des Filmverkaufs hatte er sich dann ein wunderschönes, frühamerikanisches Haus gekauft. Er war das, was wir einen ›Stock-Amerikaner‹ nennen, von heller und wacher Sensibilität, aber ohne jede Beziehung zu europäischem Wesen oder dem, was wir als europäische Kultur empfinden. Man zeigte mir das Haus mit seinem Säulenvorbau und seinen großangelegten, eingebauten Kaminen, die – es war im Winter – seine einzigartige Heizmöglichkeit bildeten und in denen heftige Feuer prasselten. Eingerichtet war es so, wie ein moderner Amerikaner von einigem Geschmack sich einrichten würde, im Schlafzimmer des Hausherrn schmückten Collegewimpel und Fußballembleme die Wand. Auf künstlerische Begegnungen war ich also nicht vorbereitet, als man mir sagte, es gäbe noch ebenerdig einen besonders schönen Raum, eine Art ›Gartenzimmer‹, der aber nicht heizbar sei und daher jetzt nicht bewohnt werde. Ohne besondere Neugier, aber gleichsam von einer Fährte gezogen, bestand ich darauf, ihn zu sehen. Als wir eintraten, wurde mir kalt – aber nicht weil der Raum ungeheizt war: ich stand in Carl Mayrs Gartenzimmer. Zwar fehlte die Einrichtung – aber die rückwärtige, oval geformte Wand war in ihrer ganzen Breite von einer freskenhaften, gemalten Tapete bedeckt, im ersten Augenblick traute ich mich kaum, sie genau zu betrachten. Dann, in einem leisen Zweifel, ob ich das nicht nur träumte, trat ich näher heran und erkannte in allen Details, mit all den vertrauten Figuren, die ›Reise in Amerika‹ – als hätte Herr Carl Mayr eben den letzten Farbtupfen aufgesetzt. Der Hausherr, den Grad meiner Faszniertheit nicht ahnend, aber wohl des besonderen Interesses gewahr, das ich der Wand widmete, begann zu erklären: »Das ist eine Seltenheit – amerikanisches Biedermeier, in der ersten Hälfte des vorigen Jahrhunderts von einem französischen Maler als Auftragsarbeit gemacht.« – »Heißt: ›Le Voyage en Amérique‹«, sagte ich. »War die schon immer hier?« – »Nein«, sagte Jackson, »mein Vorgänger hat sie gekauft und hier angebracht, weil sie ganz genau auf die Wand paßt.« – »So gab es wohl mehrere Abzüge von diesem Stück?« – »Nur drei im ganzen, ein Original und zwei vom Maler selbst hergestellte Kopien. Diese da war nach Europa verkauft worden und wurde durch einen Kunsthändler vor ein paar Jahren nach Amerika zurückverkauft. Zuletzt kam sie aus Österreich.« – Ich war nah herangetreten, und ich glaube nicht, daß ich mir einbildete, die Farbstriche und Linien zu erkennen, die ich Herrn Carl Mayr selbst mit seinem feinen Malpinsel hatte nachziehen sehn.

Dies ereignete sich ungefähr um die Zeit, in der Carl Mayr in Henndorf starb. Mir aber ist, als hätte ich ihn vorher noch in seinem Gartenzimmer besucht.

Wir verbrachten den ersten Henndorfer Abend in der holzgetäfelten Wirtsstube des Gasthauses, das dort, an der großen Landstraße, seit etwa tausend Jahren stand, einige Male abgebrannt und wieder aufgebaut war und mit seinen mächtigen dicken Mauern und den großen Räumen mehr wirkte wie ein altes Schloß. Es hatte auch ein ›Geisterzimmer‹, in dem es spukte – in Henndorf glaubte man fest daran –, und wir haben selbst etwas davon erlebt. Im Lauf des Abends kamen Bauern herein und setzten sich mit ihrem Krügl Bier oder Viertel Wein und ihren Pfeifen an die schweren Holztische. Plötzlich begann im gewölbten Vorhaus draußen eine Zither zu spielen, und ein dicker Mann, der mitten unter den Bauern saß und wie einer der ihren ausschaute, stimmte mit einem wundervollen Baß einheimische Lieder an, in die dann die andren einfielen. Das war der Bruder des Hausherrn – der berühmte Kammersänger Richard Mayr, erster Bassist der Wiener Staatsoper, als Ochs von Lerchenau, den er kreiert hatte, als Leporello oder Rocco musikalisch und darstellerisch wohl heute noch unerreicht. – Die Stunden vergingen, der Abend rückte vor, und etwa um Mitternacht meinte unser Wirt, jetzt sei es die richtige Zeit, die Mühle anzuschauen. Mit brennenden Laternen zogen wir alle hinunter, die Wiesen lagen in tiefer Stille, der Bach rauschte und sang, der Brunnen im Hof plätscherte. Das Haus, hinter einer Wand dunkler Fichten, war seit zwanzig Jahren unbewohnt. In den oberen Räumen standen noch prächtige Bauernschränke und -betten, buntbemalt, aus dem Besitz der früheren Müller, aber die große Wohnstube unten war kahl und leer, das Gras wuchs im Eingang und bis auf die Dielen. Es war kein Licht im Haus, wir stellten unsere Laternen auf den Ofensims und setzten uns auf die angebaute Bank. Wein hatten wir mitgebracht, der Krug ging herum, und es wurde uns immer heimischer in dem leeren, kerzendurchflackerten Raum. Nach einiger Zeit belebte ihn unsere Phantasie, von den kundigen Vorschlägen des Herrn Carl Mayr gelenkt und befeuert, mit Tischen und Stühlen, Möbeln, Geräten. »Da muß die Kredenz her! Hier der Eßtisch! Dort wäre eine alte Standuhr schön, vielleicht so eine große, mit gemaltem Zifferblatt, wie man sie in alten Wirtshäusern findet – und ein Wandgestell mit Krügen und vielen Zinntellern – und als Deckenlampe einen eisernen Radreifen oder ein hölzernes, bemaltes Pferdekummet, an dem man die Birnen anbringt, wo man früher die Kerzen aufsteckte – und so müssen die Stühle sein, und so die Vorhänge, und so die Tischtücher, und so das Geschirr . . .«

Genau so, wie man's in dieser Nacht unter Staub und Spinnweben erdachte, sah es nach ein paar Wochen wirklich aus.

Für die Übergangszeit, bis wir die vielfach reparaturbedürftige Wiesmühl beziehen konnten und in der es für uns galt, in der Henndorfer Umwelt heimisch zu werden, hatte uns Herr Carl Mayr in jenem ›Geisterzimmer, in dem es spukte‹, einquartiert – denn es war mit seinen angedunkelten alten Bildern, seinen hochlehnigen, samt- oder gobelinbezogenen Sesseln und seinem mächtigen, von einer

Holzstufe umlaufenen und mit einem Brokathimmel überdachten Renaissancebett das schönste und ruhigste Zimmer des Hauses: man hörte von dort weder das gelegentliche Singen aus der Wirtsstube noch das – damals sehr seltene – Vorbeifahren eines Autos auf der Straße. Auch machte es ihm Spaß, phantasieverdächtige Leute dort wohnen zu lassen, um zu erfahren, was ihnen darin begegnen oder was ihre Einbildungskraft ihnen dort begegnen lassen werde. Da wir zu zweit waren und nach den angeregten Abenden im Gastgarten oder in der Wirtsstube gewöhnlich leicht beschwipst zu Bett gingen, fürchteten wir uns nicht – aber meine Frau war damals in Hoffnung (mit unserer nachmals in etwas infantiler Laune ›Winnetou‹ benannten Tochter), und dieser Zustand machte sie wohl besonders empfänglich für parapsychologische Einflüsse: jede Nacht, in der tiefen Dunkelheit, die dem ersten Dämmern vorausgeht, erwachte sie mit einer so lähmenden Beklemmung, daß sie die Hand nicht nach dem Lichtschalter oder nach mir auszustrecken wagte, in der Vorstellung, auf etwas Kaltes oder Leichenhaftes zu greifen. Ich muß zugeben, daß ich selbst, als ich später das Zimmer allein bewohnte, öfters gegen Morgen ähnliche Sensationen empfand, von denen mich dann der erste Hahnenschrei aus dem nächstgelegenen Bauernhof befreite. Die alten Bilder mochten das ihre zu einer gewissen reizvollen Unheimlichkeit des Zimmers beitragen – ein verschollener Habsburger mit greisenhaften Zügen bekam in der schummrigen Beleuchtung durch die altmodischen Lampenschirme grelle, stechende Augen, und es gab da eine Madonna, in deren erhöhtem Leib man, wenn das Licht darauffiel, wie hinter einem durchsichtigen Gewebe das bereits von einer Aura umstrahlte und ein Kreuzlein haltende Christuskind sehen konnte: kein entspannender Anblick für eine schwangere Frau. Den traditionellen Spuk – daß nämlich eine im sechzehnten Jahrhundert angeblich in diesem Bett von ihren beiden Söhnen ermordete alte Frau durch eine längst vermauerte Tür erschien, unterm Bett nach ihrem Geldkasten suchte und dann durch die von innen verschlossene Eingangstür wieder verschwand – haben wir nicht erlebt (der österreichische Dichter Franz Carl Ginzkey behauptete, ihm sei das in dem Zimmer passiert), auch jene blutige Gestalt, die manchmal hinterm Ofenschirm auftauchen und mit dem Kopf wackeln sollte, haben wir nie gesehen. Doch glaubte man öfters in dem vermauerten Gang Tritte oder Klopfen zu hören – Gott weiß durch welche Naturgeräusche hervorgebracht –, auch wehte manchmal in warmen Augustnächten ein unerklärlich kühler Luftzug durch den Raum. Und eines Morgens wurden wir wach, da ein Wind ins Zimmer pfiff und die schweren Plüschgardinen fast bis zur Deckenhöhe emporfliegen machte; dabei fiel mir ein, daß ich die mit bleigefaßten Fenstern versehene Balkontüre am Abend geschlossen hatte. Als ich aufstand und sie öffnete, herrschte draußen vollständige Windstille, auch nicht der Hauch eines aufkommenden oder abflauenden Sturms war zu spüren, es waren noch Sterne am Himmel, der erste Dämmerstreif stand im Osten, und der erste Hahn krähte ... Beruhigt schlief ich wieder ein und machte mir keine Gedanken darüber, ob das nun ›spukhaft‹ oder physikalisch zu erklären sei.

Aber man gewöhnte sich daran, wie Herr Carl Mayr

selbst, mit seinen Hausgeistern in friedlicher Koexistenz zu leben. Für ihn hatten sie nichts Übernatürliches, sie waren angestammte Mitbewohner und gehörten gleichsam zum ererbten Mobiliar, wie die schönen alten Kachelöfen, und wer weiß, ob in einem solchen Bau, in dem so viele Ahnen gelebt hatten und gestorben waren und so viele Enkel geboren wurden, nicht noch ein Wehen von ihrem Fluidum, ihren Gedanken und ihrer anima lebendig war. Dabei war er keineswegs abergläubisch, eher zu einer heiter-rationalen Ironie geneigt, und man wußte manchmal nicht genau, ob er sich nicht beim Erzählen seiner Geistergeschichten über den Zuhörer oder über sich selbst ein wenig lustig machte. So behauptete er einmal – mit ganz ernstem Gesicht, aber einem merkwürdig koboldischen Augenzwinkern –, ein Gespenst müsse sich erkältet (in Österreich sagt man: verkühlt) haben; in seinem kleinen Kabinett hatte es, während er seine Rechnungen schrieb, dreimal hinter ihm geniest. Er habe »Gesundheit« gesagt, und darauf hätte es noch ein bißchen geschnüffelt und sei still geworden. Einmal jedoch saß ich an einem späten Januarabend, an dem draußen lautloser Schnee fiel, allein mit ihm in der Gaststube, die schon geschlossen war, auch in der Küche befand sich niemand mehr. Er stickte, was er abends besonders gern tat, an einem Gobelin nach alter Vorlage, auf der Judith dem Holofernes das Haupt abschlug, und ich las bei einem Krug Wein in einem Buch. Plötzlich pochte es in einer halbdunklen Ecke des großen Raums dreimal laut und heftig, so wie wenn jemand mit einem Stock auf den Boden schlagen würde. »Guten Abend, Großmutter«, sagte Carl, ohne von seiner Arbeit aufzusehen, mit gleichmütiger Stimme. Ich sagte nichts und beobachtete die Zimmerecke und gleichzeitig sein Gesicht von der Seite. Er sah nicht anders aus, als ob ein später Gast noch einmal an die Tür geklopft hätte. Nach kurzer Zeit pochte es wieder dreimal aus der gleichen Ecke, wie mir schien, etwas heftiger, ungeduldiger. »Ja ja«, sagte er mit derselben gleichmütigen Stimme, »es ist alles recht und's Geschäft geht gut. Jetzt geb scho Ruh.« – »Mit wem«, fragte ich nach einer Pause, »hast du jetzt eigentlich gesprochen?« – »Mit meiner Großmutter Moser«, sagte er, wie wenn das selbstverständlich wäre, »heut ist der elfte Jänner, ihr Todestag, da meldet sie sich fast immer. Dort in der Ecke hat sie die letzten paar Monat in ihrem Lehnstuhl gesessen, sie war gelähmt und hat immer mit dem Krückstock aufgehaut, um zu hören, was los ist. Das macht's halt jetzt noch. A rechte G'schaftlhuberin.« Damit war der Vorfall erledigt, und wir gingen zu Bett.

Diese leichtmütige Gespensterei gehörte zu Henndorf und seinem Zauber wie das Sternsingen am Dreikönigstag und das wüste ›Maskenlaufen‹ in den Rauhnächten. Auch in unserer Wiesmühl, sagte man uns halb scherzhaft, halb warnend, solle es spuken und umgehn: im Jahr 1806, als die Franzosen im Land waren, habe die Müllerin, deren Mann eingerückt war, einen zudringlichen Grenadier erschlagen und unterm Keller verscharrt. Der lasse sich manchmal sehen, und zu bestimmten Zeiten käme, in den herbstlichen Quatembernächten, sein altes Regiment angerückt und wolle ihn einholen. Herr Carl Mayr bemalte für unsere Wohnstube einen pergamentenen Lampenschirm, auf dem die ganze Geschichte einschließlich der Geistererscheinung abgebildet war. Erschienen ist er aber nie, wenn auch der Mühlbach in manchen Nächten wie mit Glocken läutete, so daß man glauben konnte, es sei Feuer im Ort und es stürme vom Kirchtum, oder wenn er auf den alten Holzborten unter dem steinernen Radbogen trommelte und lärmte wie ein heranmarschierendes Regiment – ja man konnte sich sogar einbilden, in seinem vieltönigen Brausen ferne Clairon-Signale zu vernehmen, während sich der Nebel in bizarren Gestalten aus dem nachtkalten Wasser hob. Uns war das alte Haus, hinter seinen hohen Bäumen an den grasigen Hügel geschmiegt, ein heimlicher Ort, und sollte es darin Geister gegeben haben, so hatten wir sie wohl durch unser lebhaftes und gar nicht spökenkiekerisches Dasein vergrämt und vertrieben. Vielleicht auch war es ihnen durch den klaren, taghellen Strom der Arbeit, der das Haus in all den Jahren durchzog, verleidet.

Zwar war Berlin mein berufliches Zentrum, in dem alle meine Uraufführungen und Proben stattfanden, in dem meine Verleger hausten und viele meiner Freunde lebten, in dem das – damals noch phantastische – Experiment des ›Tonfilms‹ und manche andere Tätigkeit und Geselligkeit lockten, aber schreiben konnte ich immer nur auf dem Land und hatte mich auch schon früher dazu, wenn es irgend anging, in eine möglichst abgelegene Nisthöhle verkrochen. Jetzt hatte mir ein unerhörter Glücksfall, ein Überraschungserfolg, wie es – außer Brechts Dreigroschenoper – in dieser Zeit keinen gab, die Möglichkeit verschafft, einen Horst zu beziehen (und ein altbürgerlicher, oder bäuerlicher, Instinkt sagte mir, daß ein Haus besser sei als Geld und vielleicht das einzige, was man in schwierigen Zeiten halten kann –

solang man es kann). So hockte ich nun, jahraus, jahrein, wie ein Brutvogel auf meinen Eiern, die ich auch selbst gelegt hatte.

Wir lebten den größeren Teil des Jahres dort. Im Anfang mußte man noch das Wasser aus dem mit einem zierlichen Schindeldach geschützten Brunnen ins Haus tragen, es dauerte geraume Zeit, bis ich mir eine richtige Wasserleitung und ein Badezimmer leisten konnte. Die Kinder wuchsen dort auf, sie spielten mit den Bauernkindern und gingen, als sie größer wurden, in die Dorfschule. Für die Einheimischen waren wir ›die Wiesmüller‹ – man nannte dort alle Leute nach ihrem Haus oder Hof –, und manche wußten in all den Jahren nicht, wie ich eigentlich hieß. Sie fragten auch nicht darnach, was man ›draußen‹, außerhalb des Dorfes tat, ob man dort in der Welt einen Namen hatte, ob man Stücke schrieb, malte oder Opernpartien sang. Man sprach mit ihnen über Wind und Wetter, über Gras und Vieh und über ihre alltäglichen Sorgen, man holte sich den Fisch beim Roider-Fischer, der sein einsames Haus in der Waldlichtung hatte, und das duftende Schwarzbrot frisch vom Backofen des Göpfringer Bauern, man nahm an Hochzeiten, Kindstaufen, Begräbnissen teil, trank und tanzte mit ihnen auf ihren Festen, lernte ihre Bräuche kennen und ihre Lieder singen. Zu Weihnachten wurde in unserer Wohnstube, in deren Ecke der frisch aus dem Wald geholte Baum und die Krippe mit den Holzfiguren standen, von den Bauernkindern ein altes Christgeburt-Spiel aufgeführt, in dem viele salzburgische Volkslieder eingestreut waren, die gleichen, die Mozart in seiner Jugend gehört haben mochte. Es wirkten manchmal bis zu dreißig Kinder zwischen vier und fünfzehn Jahren mit, die meine Frau wie halbwilde Fohlen zureiten oder wie junge Hunde abrichten mußte, wobei es nicht immer ohne Kopfnüsse oder Watschen abging. Dann gab es die Bescherung und das Karpfenessen, und um Mitternacht stapfte man mit der Laterne über den hartgefrorenen Schnee zur Christmette in der hell erleuchteten Kirche. Die Dorfmusik blies laut, falsch und feierlich, die Lehrerin kämpfte mit dem Falsett ihrer Sopranstimme und mit ihrem Kirchenchor, Tonart gegen Tonart, es dampfte feucht von den schweren Schuhen und Mänteln, es stank auch ein wenig, und es war alles so schön, so ernsthaft und so freudevoll wie es nur sein konnte. Spät nach der Mette noch saß man in Herrn Carl Mayrs bezauberndem und wohlgeheiztem ›Gartenzimmer‹ bei Weißwürsteln und Wein oder Bier, manchmal bis in die Morgenfrühe.

Es gab drei Vereine im Dorf, von denen jeder an den Feiertagen seine eigene Fahne trug: die Feuerwehr, die ›Schützen‹, die mit ihren messingbeschlagenen Stutzen bei kirchlichen und ländlichen Festen einen ungeheuren Lärm machten, und die ›Heimkehrer‹, das waren die Überlebenden aus dem Ersten Weltkrieg, die sich jedes Jahr am Tag des ehemaligen Kriegsausbruches sternhagelvoll tranken – denn, so folgerten sie, wäre der Krieg damals nicht ausgebrochen, so hätten sie ihn auch nicht überleben können. Eine Gelegenheit zum Feiern ließ man sich in Henndorf ungern entgehen. Das Temperament der Leute war leicht, heiter, gelöst. Sie waren lebensfroh, arbeitsam, neugierig und vor allen Dingen begabt. Laut hörte man den Fischer singen, wenn er gegen Abend mit seiner Plätte auf den hechtgrauen See hinausfuhr, und bei gewissen Arbeiten, etwa dem Einschlagen der Eckbalken für einen Neubau, wurden in einem rituellen Singsang, mit Vorsprecher und Chor, uralte Handwerkerverse hergesagt, wie sie schon im Mittelalter Takt und Rhythmus der Bewegung anleiteten. Wenn unser junger Gärtner den Steingarten am Bach aufbaute, wenn der Schreiner einen neuen Zaun machte, alles hatte seinen Stil und eine Art von künstlerischem Schwung. In dieser Gegend, in der jede Stalltür und jeder Dachfirst an die Formfreude des hohen Barock erinnert, lebten noch der Sinn und die Liebe fürs echte, gediegene Handwerk. Die Bäuerinnen freuten sich an den Blumen in ihren Fenstern, ›Hinterglasbilder‹ schmückten die geweißten Wände, und in den Küchen blitzte das Kupfer und schimmerte das Zinn. Selbst die schmutzige alte Lena, eine achtzigjährige, immer noch mannstolle Närrin, behängte sich mit schönen bunten Ketten und Silbermünzen, die sie sich bei Carl Mayr auszuleihen pflegte, und wenn sie mit ihrem braunen verrunzelten Gesicht vor sich hinmurmelnd und mit dem Krückstock aufklopfend durchs Dorf schlurfte, schaute sie aus wie der aufgeputzte Schamane oder Medizinmann eines Indianerstammes. Die Menschen in diesem Dorf hatten noch Gesichter, persönliche, eigenwillige, wie man sie auf den Bildern der mittelalterlichen Meister, bei den Holzfiguren der Pacher und Riemenschneider, findet.

Selten ist mir ein so heiterer, ausgeglichener und zuverlässiger Charakter begegnet wie unser Hausmeister, Josef Eder, der mit seiner helläugigen Frau Justina bei den schweren Arbeiten half. Er war, im Nebenberuf, der Totengräber des Ortes. Aber der vertraute Umgang mit den Toten und den Gräbern hatte ihm keinen unheimlichen oder makabren Zug verliehen, sondern eher eine Art von unbewußter Würde und milder Freundlichkeit. Dabei war er ein starker, gesunder Mann, der bei der Arbeit, beim Tanz, auch beim Raufen, kräftig zupacken konnte. Das Verhältnis zum Tod war bei diesen katholischen Bauern sehr einfach und natürlich, er gehörte zum Vorgang des Lebens, zum Ablauf der Welt, zu den Jahreszeiten der Erde, zum Wandel der Generationen und war durch die Vorstellung der Transzendenz und der Ewigkeit seines dumpfen Schreckens beraubt. Man respektierte ihn, beklagte ihn, zollte ihm den Tribut des feierlichen Rituals, aber man scheute und fürchtete ihn nicht, und schon die Kinder waren an den Anblick der friedlich aufgebahrten Leichen gewöhnt, vor denen man, wenn auch nicht ohne den Reiz des Gruselns, beim letzten Besuch sein Kreuzlein schlug. So war die Beziehung, die unser häuslicher Totengräber zu seinem Gewerbe hatte, völlig unsentimental, aber keineswegs roh oder herzlos. Im Dorf rief man ihn, mit scherzhafter Selbstverständlichkeit, den ›Dodey‹, das heißt ›das Tödchen‹, und auch seine Frau redete ihn nicht anders an. »Herr Jesus!« rief er, als er uns einmal eine neue Dunggrube ausheben sollte und wir uns über die schmale längliche Form wunderten, »da ist mir aus Versehen ein Grab draus geworden! Das ist halt die Gewohnheit . . .« Oder, wenn die verrückte alte Lena vorbeihumpelte, sagte er leise und gutmütig vor sich hin: »Dich grab ich auch bald ein.« Und zu einem kranken Freund, als es ihm etwas besser ging: »Du bist mir wieder von der Schaufel gerutscht!« –

»Mein schönster Tag wird sein«, sagte er oft zu mir, den er immer ›den Herrn‹ nannte, »wenn ich amol den Herrn eingraben tu . .« Es klang ungeheuer beruhigend. Dabei war er fast zehn Jahre älter als ich und mußte sterben, bevor es dazu kam.

In Scherz und Ernst, in Ruhe und Tätigkeit waren sein starkes, einfaches Gesicht mit dem roten Schnurrbart und seine kraftvolle Gestalt stets ebenso locker und gelassen wie wachsam und aufgeräumt. Mit ihren herben Zügen und ihrem bäurischen Wesen wirkten die beiden, Josef und Justina, in ihrer Weise schön, und man freute sich ihres Anblicks, weil sie natürlich waren, stolz und mit sich selbst im Einklang. Je länger man dort lebte, desto mehr wuchs man mit den Menschen und dem Land zusammen, und es gab keinen Zwiespalt und Mißton. Da, eines Nachts, im Sommer 1939 wurde das Dorf von einem dumpfen Krachen und Knallen aufgeweckt, das auch bei uns im Haus die Fensterscheiben klirren machte, und das war kein Gewitter oder Bergrutsch, sondern es war die erste Bombe, die erste Brückensprengung der Nationalsozialisten . . .

Damals aber, als wir das große Fest feierten, war jene ländliche Gemeinschaft, die im Grunde unzerstörbar ist, noch in voller Blüte. Es war nur ein halbes Jahr, bevor der Unstern über Deutschland aufging, und im siebten Sommer, den ich in Henndorf verlebte, genau gesagt: der ›Frauentag‹, das ist der 15. August, des Jahres 1932.

Schon längst hatten mich die Schützen – der älteste Verein im Dorf, dessen Präsident noch dazu unser hausmeisterlicher Totengräber war – geplagt, ich solle ihnen eine neue

Fahne stiften. Denn die alte, hundertjährige, so ehrwürdig sie war, ging schon langsam in Fetzen. Man stellte mir die begehrenswertesten Vorteile in Aussicht, falls ich die Anschaffung einer neuen Fahne ermöglichte, so zum Beispiel, daß über meinem Grab drei Ehrensalven geschossen würden. Aber ich kannte die Bauern und wußte, daß man ihnen nicht zu rasch nachgeben darf, besonders in materiellen Dingen, will man nicht ihren Respekt verlieren und als Trottel oder Verschwender gelten. Jetzt aber, als eine Art von Opfergabe für sieben glückliche Jahre in diesem Ort, entschloß ich mich, ja zu sagen. Der Jubel war unbeschreiblich. Die Fahne wurde beim besten Fahnenmacher in Wien bestellt, sie mußte handgestickt sein, in den rot und weißen Landesfarben, aus schwerer Seide, goldgesäumt, und in der Mitte mit einem Bild der Landschaft verziert. Die Hauptsache aber war das Fest, auf das sich das ganze Dorf schon monatelang freute und dem es in den letzten Wochen geradezu entgegenfieberte. Es wurde in unendlichen Besprechungen und umständlichen Beratungen vorbereitet, alles wurde bedacht, die Einladungen an die Nachbargemeinden, die Schmückung des Dorfes, die Illumination, die kirchliche Feier, der Umzug, die Speisen und Getränke. Es sollte drei Tage und Nächte dauern. Von diesem Fest, sagten die Henndorfer, soll man noch dreißig Jahre sprechen. Und das hätte man auch getan – wenn es nicht in der Zwischenzeit so viel anderen Gesprächsstoff gegeben hätte ...

Am Vorabend gab es kein Haus mehr in der Umgebung, das nicht im Schmuck von Blumen und Girlanden und Lichtern prangte. Tagelang hatte man die Pferde geputzt und gekämmt, die die Festwagen zu ziehen hatten, ihre Mähnen und Schweife waren kunstvoll geflochten und mit rot-weißen Seidenbändern durchwirkt. Auch in unserem Haus herrschte festliche Erregung. Alle Fenster und Türen standen auf, die warme Sommerluft strich herein, der Aufgang zur Küche draußen war weit geöffnet und unsere Wohnstube in ein ländliches Schlaraffenland verwandelt. Überall, auf den schweren Holztischen, den Fenstersimsen, der Kredenz, waren rustikale Eßwaren verteilt, dort stand ein ganzer Schinken, frisch angeschnitten, hier ein kompletter Käse, die Würste hingen an Stricken von den Deckbalken herab, die Butterstriezel waren groß und lang wie Brotlaibe, und das mächtige runde Schwarzbrot lag auf flachen Holztellern. Unser ›Dodey‹ verzapfte ohne Pause Bier aus einem Faß, das vor der Haustüre im Hof stand, sein roter Schnurrbart triefte vor Schaum, denn er fühlte sich verpflichtet, den Gästen vorzukosten. Ein Fäßchen mit Lagreiner Kretzer, der, wenn er echt sein soll, einen fast hellbraunen Farbton haben muß, war in der Stube aufgebaut, und für die, welche rasch eine Hilfe brauchten, war altersgoldener slowenischer Sliwowitz in großen Glaskrügen bereit.

Sechzehn Gäste waren damals im Haus, und es kamen immer noch mehr, denn in Salzburg war Festspielzeit und es wimmelte von Freunden und Bekannten. Ein Teil wohnte auch bei uns, und wie sie alle Platz fanden, ist mir heut noch ein Rätsel. Die meisten Damen, besonders die jüngeren und hübscheren, hatten sich in die ländliche Tracht gehüllt, und je weiter sie herkamen, desto landes- und traditionsgerechter hatten sie sich bei Lanz in Salzburg eingekleidet. Unsere Gäste waren bunt zusammengewürfelt und hatten doch eine Art von geheimer Harmonie. Traumgefährten – wo seid ihr hin? Da war Schaljapin, der große russische Sänger, mit seiner Frau, ein paar Freunden, seinen entzückenden Töchtern, der brünetten Dasja und der weizenblonden Marina – ein ganzes russisches Dorf! Da war ein holländischer Privatgelehrter, der damals der Stadt Wien ein kostbares Musikarchiv eingerichtet hatte. Da war der Leiter eines oberbayerischen Bauerntheaters, der jüngst erst mit neunzig Jahren verstorbene Schultes Bertl, mit seinen Lederhosen und seinem Policinellgesicht. Da war mein väterlicher Freund Friedrich von Erxleben, genannt Petrus, katholischer Prälat, der aus Deutschland herübergekommen war, um die Feldmesse zu lesen, mit seinem flammenden weißen Haar, seinen lodernden Augen und seinem von Erden- und Himmelsliebe strahlenden schönen Gesicht. Und dann ein paar Damen und Herrn von den Landhäusern der Salzburger Umgebung, und ein paar Schriftsteller, Schauspieler und Künstler mit ihren Frauen, oder Bräuten, oder was sie so nannten. – Aber die Hauptpersonen waren die Bauern, und der Inhalt und Sinn des Festes war das Dorf. Tag und Nacht hörte man das Singen aus den Wirtshäusern, das Stampfen der Tanzschritte, das Schmettern der Musik. Auch die Kinder wirkten mit – die Locken der kleinen Mädchen waren seit einer Woche mit Zuckerwasser und Schweineschmalz präpariert und über Nacht in Papier eingedreht. Als sie aber am Vorabend des Festtags mit ihren weißgestärkten Battistkleidchen in langer Reihe in unseren Hof einrückten, um zu Ehren der Hausfrau, die als Stifterin die Fahnenmutter hieß, einen vom Dorflehrer einstudierten historischen Reigen zu tanzen, da brach genau mit dem ersten Takt der Blockflöten das unvermeidliche Gewitter los – und mit dem ersten Donnerschlag floh das Ballett auseinander, wie eine Schar aufgestörter Feldhühner. Dieser Anblick war für unsere Gäste, die sich an allen Fenstern als Zuschauer verteilt hatten, bestimmt viel amüsanter, als der historische Reigen gewesen wäre. Und das Gewitter gehörte zum ländlichen Fest, wie das Salz in die Suppe. Auch der große nächtliche Fackelzug fand noch unter Blitz und Donner statt, und der Regen trommelte uns aufs Haar, als wir, am Kriegerdenkmal, zu Ehren der Gefallenen, drei Minuten die Hüte abnehmen mußten. Dann aber troff plötzlich das grelle Mondlicht durch die Wolken, die rasch zerstoben, es roch nach Laub und nach der nassen Erde, und es zeigte sich nicht der Schatten einer Wolke mehr, so lang das Fest dauerte.

Was Bauern bei einem solchen Fest leisten können, ist kaum zu glauben, und wir alle taten unser möglichstes, um mit ihnen Schritt zu halten. Aber, nachdem wir erst gegen drei ins Bett gekommen waren, standen nur wenige mit mir auf, als um vier schon wieder die Blechmusik anrückte, um nach einer halben Maß Bier das Morgenständchen zu bringen. Um sechs begann der Aufmarsch der befreundeten Vereine: aus zweiunddreißig anderen Gemeinden Österreichs waren sie herbeigekommen, um die neue Henndorfer Fahne zu ehren, und es dröhnte und schmetterte, daß die Gäule stiegen. Vor dem Ehrenwagen, mit dem wir zur Feldmesse und feierlichen Weihung der Fahne gefahren wurden, waren zwei junge Hengste eingespannt, die schönsten im Dorf, und wir können von Glück sagen, daß wir wieder lebendig herausgekommen sind. Die Messe fand auf einer großen baumumhegten Wiese unter freiem Himmel statt, mein Freund Petrus sang den lateinischen Text mit seinem italienischen Akzent, den er sich bei den Jesuiten in Rom angewöhnt hatte. Meine Frau, von zwei mächtigen Bäuerinnen flankiert, die Bänder zur Fahne gestiftet hatten – ein buntgesticktes für Hochzeiten, ein schwarzes für Leichenzüge –, hatte einen Vers aufzusagen und mehr Lampenfieber als eine Schauspielerin, die zum ersten Male die Jungfrau von Orleans spielen soll. All die zweiunddreißig Fahnen der Besucher neigten sich und ›küßten‹ zur Begrüßung die neue, frisch geweihte. Sie sollte von nun an bei allen, ernsten und frohen, Feiern in der Mitte des Volkes getragen und geschwenkt werden, sie sollte die Menschen froh machen mit ihrem hellen Tuch und ihnen das einfache und starke Gefühl des Zusammengehörens, das Bewußtsein gegenseitigen Vertrauens und gegenseitiger Hilfe verleihen. Sie sollte sie daran erinnern, daß sie nicht nur eigensüchtige und kleine Menschen seien, sondern daß über ihnen ein Himmel und unter ihnen die harte Erde der Bauern allen gemeinsam ist, so daß jeder für den andren zu stehen habe, weil auf dieser Welt jeder den andren braucht. So ungefähr sagte es mein Freund Petrus in seiner Ansprache, die am Schluß immer rascher wurde, denn er hatte seit Mitternacht nüchtern bleiben müssen, und es wurde schon bald wieder Mittag.

Das Fest dauerte von Samstag abend bis tief in die Montagsnacht, es wurden einige zehntausend Liter Bier und Wein verzapft, und es gab keinen Armen, der hungrig blieb. Die Musik spielte, wir wurden alle zusammen photographiert, und keiner verließ das Fest, oder wenn, dann nur, um unter den Bäumen draußen der Natur zu opfern oder ein Mädchen zu küssen. Getanzt wurde ohne Unterlaß. Die Hofbäuerin, mit der ich den Ehrenwalzer zu überstehen hatte, wog zweieinhalb Zentner und schwitzte wie ein Gaul. Aber die schönen Frauen und Mädchen schwangen sich leicht herum, sie legten den Kopf schief beim Tanzen und schlossen die Augen halb.

Am dritten Abend, während einer Kaffeepause, die in unsrem Hause stattfand, kam ein atemloser Bote vom Wirtshaus hergerannt und meldete: die Musik spielt nimmer, der Holzmeister (das war unser dörflicher Dirigent) ist vom Podium gefallen. – Das bedeutete aber keinen tragischen Unglücksfall, sondern nur eine unvermeidliche Erschöpfungspause, denn der Holzmeister trank zu jedem Walzer ein ›Krügl‹ und zu jeder Polka eine Maß. Alles wollte weiter tanzen, und ich ließ der Musik sagen, daß es im Brunnen kaltes Wasser gäbe, für den Fall, daß sie das über dem Fest vergessen hätten, und in der Gasthofküche schwarzen Kaffee. Eine Stunde später war dann wieder ein Bote da, noch mehr außer Atem, und meldete strahlend: Er steht wieder droben, sie spielen wieder! Da zogen wir alle wieder hinauf. Um Mitternacht aber fiel der Holzmeister nun endgültig steif wie ein Stock vom Podium und wurde unter feierlichen Gesängen von den Schützen nach Hause getragen. Auch zum Tanzen war alles zu müde oder zu voll, die Lichter gingen aus, es wurde ganz plötzlich sehr still im Ort, und der Vollmond schien hell über den Wiesen und schüttete Silber in die Wirbel der Bäche. Nur wir und unsre Gäste waren noch wach und munter, rechte

Nachtvögel und durch die ungewöhnliche Laune dieses Festes verzaubert und angeregt. Wir standen auf der breiten Dorfstraße vor dem geschlossenen Wirtshaus und versuchten, den taumelnden Theaterdirektor, der seinen Zimmerschlüssel verloren hatte, durchs Fenster zu heben, von dem er immer wieder herabfiel. Da hörten wir plötzlich ein sonderbares Getöne in der Nacht, ein Zirpen und Trillern, das mehr wie von Tieren klang, von unbekannten Grillen oder Vögeln – und plötzlich kamen zwei Schatten heran auf der einsamen hellen Landstraße, auf der jetzt nach Mitternacht kein Wagen mehr fuhr. Es waren zwei wandernde Musikanten – der eine blies eine Art altertümlicher Klarinette, der andere hatte sich die Geige unters Kinn geklemmt. Sie hätten zu Eichendorffs oder Schuberts Zeiten nicht anders daherziehen können wie in dieser Nacht. In Frankenmarkt, sechsundzwanzig Kilometer entfernt, hatten sie erfahren, daß hier ein Fest im Gang sei, und da waren sie losgewandert, zu Fuß, um etwas zu verdienen. Jetzt waren sie bitter enttäuscht, zu spät zu kommen. Uns aber kamen sie recht. Ich zeigte ihnen den Weg, sie schritten spielend voran, und ganz von selbst formierte sich ein Zug, eine Art Polonaise aus unsren Gästen, so wanderten wir mit Musik der Mühle zu, nach Hause. Als wir über die dunkle Bachbrücke auf unseren Grund einrückten, setzten sich die Musikanten auf eine Bank vors Haus und stimmten unaufgefordert einen Walzer an. Weil aber die Wiese dalag, wie aus glatt gescheuerten weißen Bohlen im Mondschein, fingen wir plötzlich alle auf der Wiese zu tanzen an. Der Tau näßte die Stiefel, das Gras kitzelte die Knöchel der Damen, aber wir tanzten auf der Wiese und spielten und sangen, bis der Frühnebel aufdampfte und der helle Morgen schien. Dann saßen wir, verträumt und beseligt, in den ersten Sonnenstrahlen beim Kaffee.

Die Musikanten hatten ihr Lager unterm Dachboden im Heu bekommen, dort schliefen sie lang und gut, bis am nächsten Mittag der Ortsgendarm sie aufweckte, um sie wegen nächtlicher Ruhestörung und Ausübung eines Gewerbes ohne Lizenz festzunehmen. Das tat er natürlich nur, weil sie von einem anderen Ort waren. Die armen Kerle kamen zu mir und sagten, sie müßten entweder zwölf Schillinge Strafgeld zahlen, was ihr Ruin sei – oder für drei Tage ins Gefängnis. Natürlich gab ich ihnen die zwölf Schillinge. Der ältere von ihnen wiegte das Geld lange in der Hand, bedankte sich höflich, dann steckte er es ein und sagte: »Wenn der Herr nix dagegen hat – dann gehen wir doch *lieber* ins Gefängnis ...« Ich hörte sie noch spielen, als sie mit dem Gendarmen davonzogen. Und so hör ich sie immer noch. Es klingt nach Heimweh und Freude, nach Jugend und Alter, nach all den Jahreszeiten der Erinnerung, nach Zeit und Ewigkeit – nach Österreich.

ECKART VON NASO, Sohn eines Generals, Enkel und Neffe preußischer Hoftheaterintendanten, 1888 in Darmstadt geboren, in Schlesien aufgewachsen, hat sich als Vierziger mit seinen erfolgreichen historischen Romanen und Novellen — Seydlitz, Moltke, Preußische Legende, Der Rittmeister u. a. — als Schriftsteller einen Namen gemacht. Er war aber gleichzeitig und ursprünglich ein Theatermann, der achtundzwanzig Jahre lang, von 1916 bis 1944, am Berliner Staatstheater tätig war, zuerst als »Babyintendant« unter seinem Onkel Georg Graf von Hülsen-Haeseler, dem »Theaterchef« der Hohenzollern, dann als Regisseur und später als Chefdramaturg unter Leopold Jessner und Gustaf Gründgens. In seiner Selbstbiographie »Ich liebe das Leben / Erinnerungen aus fünf Jahrzehnten« hat er mit erzählerischer Freude seinen Werdegang geschildert und damit gleichzeitig ein Stück Geschichte und Kulturgeschichte über das Deutschland der ersten Jahrhunderthäfte wiedergespiegelt, Erinnerung an jene Güter der Tradition, die Wandel und Wirrnis der Zeit überdauern. Diesem Buch sind die nachstehenden zwei Episoden aus seiner Kindheit entnommen.

ECKART VON NASO

Schlesische Ferientage

Zu Pfingsten lernte ich das wirkliche Landleben kennen. Vorher aber, in der offenen [Breslauer] Pferdebahn, begriff ich zum erstenmal ganz, was dieses Wunderbare ist, das man Frühling nennt. Die Luft ging lau, ein kleiner, köstlicher Wind strich über mein Gesicht hin, Bäume und Sträucher blühten, und unter dem Himmel dort, wo die weißen Wolkenschiffe ihre Bahn zogen, stiegen Lerchen aufwärts und verloren sich im Blau. Eine unsagbare Seligkeit, die Glück und Trauer und Sehnsucht zugleich ist, erfüllte mich und wollte mein Herz sprengen. Ich dachte erst: es müßte die Freude der Ferien sein, die Freude, daß wir verreisen wollten. Aber es war – das fühlte ich mit jedem Augenblick deutlicher – auch die Freude am Blühen, an der Maisonne und der Luft. Wenn ich später Dekaden von Frühlingen erlebte, beglückender und tiefer von Jahr zu Jahr, habe ich mich immer dieser ersten Frühlingsfeier in der Breslauer Pferdebahn erinnert.

Wenn man von Breslau aus nach Süden fährt, wie auf der Pfingstreise wir, tut sich die liebliche Landschaft Mittelschlesiens auf. Sie hat etwas von einem Garten an sich – einem Garten freilich, der von Kornfeldern und Kartoffeläckern durchzogen ist. Immer aber ist diese Landschaft bebuscht, von parkartigen Baumgruppen umstanden, aus denen rote Dächer und die kleinen stumpfen Türme gotischer Backsteinkirchen hervorlugen. Und wenn man den Weg im Frühjahr nimmt, so zeigt er die eigentliche Schönheit Schlesiens an: das blühende Band der Chausseen, meilenweit in sanfter Schlängelung zwischen Wiesen und Äckern hingebreitet – Kirschenbäume und Apfelbäume in unendlicher Zahl, leuchtend in rosa und weiß. Ich kenne die Obstgärten des Südens und ihre berauschende Blüte bis tief nach Italien hinein; ich kenne den französischen Frühling und den Norden im Mai; ich weiß, wie es in Rußland blühen kann – nirgends aber fand ich diese karge, heimliche Schönheit des werdenden Jahres wie zwischen Breslau und dem Glatzischen Land. Es ist eine sonntägliche Stille in ihr, eine Befriedung im Traulichen, die man bis in die letzten Fasern des Herzens spürt – vielleicht nur dann, wenn man ein schlesisches Herz hat. Und, obwohl ich durch einen Zufall in Darmstadt geboren bin, weil mein Vater dort Kommandeur der hessischen Gardedragoner war, habe ich nur meine ersten Lebenswochen in Darmstadt verbracht. Dann ging es in der oftmals schnellen Folge militärischer Versetzungen nach Berlin, wo mein Vater ins Kriegsministerium berufen war, bis er bald mit der Brigade in Breslau betraut wurde. Hier begann für mich das Leben zu werden, hier wachte ich zum Bewußtsein auf, hier, mit jedem Gefühl, wurzelte ich fest.

Ich stand am Coupéfenster und sah in die Landschaft hinaus, die draußen vorüberzog, nicht sehr schnell vielleicht, denn es war eine Nebenstrecke, die wir befuhren – und sie blieb es Jahrzehnte danach. Aber das Reisen, noch in einem Bummelzug, war aufregend und neu. Dann und wann blickte ich mich um, und immer nickte mein Vater mir zu. Ich lächelte nicht zurück, er schien mir ein wenig fremd. Heute war er nicht der General, den ich kannte. Er trug einen Zivilanzug, wie andere Leute auch, und seinen Backenbart, der nur das Kinn freiließ, hatte er abgenommen. So sähe er jünger aus, meinte die Mutter, die sehr stolz auf ihn war. Ich dachte, daß Eltern doch immer alt sind, sehr alt sogar – und daß mein Vater mit seinem Bart mir besser gefallen hatte. Sein Gesicht war schärfer geworden und die Nase noch größer als sonst.

Ich hatte aber keine Zeit, darüber nachzudenken, denn jetzt eben hob sich zur Rechten ein Berg aus der Ebene auf, von weitem wie ein Zuckerhut anzusehen, und, als wir näherkamen, wuchs er in der hellen mailichen Luft, unheimlich blau bewaldet, beinahe drohend. Anfangs hätte man meinen können, es sei ein einziger, glatter Berg. Jetzt aber sah man, daß es ein in sich zerklüftetes Gebirge war, kleinere Kegel deckten das dreieckige Massiv ab. Und manchmal schimmerte Felsgestein durch die Waldung hindurch.

»Das ist der Zobten«, hörte ich meinen Vater sagen, »oder ›Zota‹, wie ihn die Schlesier nennen, ein erratischer Block, vulkanischen Ursprungs.«

Ich wollte nicht fragen, was ein »erratischer Block« und ein »vulkanischer Ursprung« sei, der Berg selbst interessierte mich mehr, wie er, je weiter wir uns von ihm entfernten, wieder in seine glatte bläuliche Flächigkeit zurücksank und Zerklüftung und Bewaldung verlor. Ein Ding, dachte ich, sah also anders aus, je nachdem man es betrachtete, obwohl es immer das gleiche war. Das wunderte mich.

Nun aber ging das bis dahin ebene Land in jene anmutigen Höhen über, die das Glatzer Bergland als erste Vorboten ausschickt. Wie in grüngetönten Wellen, auf- und absteigend, begleiten sie den Schienenweg, ohne ihn zu bedrängen, denn die Weite blieb, und die Hügelketten zur Rechten und Linken waren noch fern. Dann hielt der Zug für uns zum letztenmal. Die kleine dörfliche Station Steinkirche war das Ziel.

Wir stiegen aus.

Niemals habe ich so viele Falten im Gesicht eines Mannes gesehen, wie sie das Gesicht des Kutschers Theodor zeigte, neben dem ich jetzt, auf dem Bock thronend, dem gesegneten Nimptscher Kreis entgegenfuhr. Es waren lauter kleine Falten, kreuz und quer gesponnen, und wenn Theodor lachte, was er gern und oft tat, so war das Gesicht ein einziges Gewirr von Fältchen und Strichen, ein »Rangierbahnhof«, wie mein Vater sagte. Dieser Theodor aber ist einer der besten Freunde meiner Jugend geworden, und er hatte in Wahrheit das, was man ein »goldenes Herz« zu nennen pflegt, vielleicht gerade darum, weil ein fröhliches Stück Filou in ihm steckte. Später ist er mit mir auf die Jagd nach Fasanen und wilden Kaninchen gegangen und noch viel später manchmal auf die Jagd nach jenem zarteren Wild, dessen dörflichen Wechsel er kannte wie die Pürschwege im Wald. Niemals aber wurde die Vertrautheit zwischen uns zur plumpen Vertraulichkeit. Er war eines der letzten Edelexemplare einer ausgestorbenen Rasse von Dienenden, denen der Dienst nicht nur eine angeborene Pflicht, sondern – in dem patriarchalischen Zusammenspiel von Herrschaft und Gefolgschaft – ein Glück bedeutet hat. Er gehörte dazu, er war ein Teil der Familie, des Gutes, der Felder und Wälder, wie es schon sein Vater und Großvater gewesen war. Er dachte mit dem Angestammten zugleich, er lebte und starb dafür.

Diese Fontaneschen »Engelkes« sind nicht mehr, wie die Stechlins nicht mehr sind. Die Zeit hat sie ausgelaugt und abgedrosselt. Es gibt die Treue nicht mehr, und sie war das Beste, was uns einmal gehört hat, besser als der Besitz, den Motten und Rost fressen, besser als Geld und Geldeswert. Theodor war einer, der noch wußte, was Treue ist. Bis zuletzt hat er mich bei meinem Vornamen in der Kinderform genannt, wenn er es auch nicht über sich brachte, das »Du« beizubehalten, obzwar ich ihn darum bat. Aber so sehr gehörte er zur Familie, daß er an Mittagen oder Abenden, wenn er die Schüsseln herumreichte – denn er war Kutscher und Diener und Jäger zugleich – und ich danken wollte, mir zurief: »Nu nähmen Se ok noch a bissel, Ecki, Sie müssen doch stark wer'n.«

Das war Theodor, und damals saß ich zum erstenmal neben ihm auf dem Bock, während sich die Eltern im »Fond« und auf dem Rücksitz das Fräulein und die jüngere Schwester der Wagenfahrt beruhigt überließen. Die ältere Schwester war bei den Johanniterinnen in Berlin eingetreten und hat die Tracht bis zu ihrem Tode nicht mehr abgelegt.

Wir fuhren durch blühende Kirschalleen in ein blühendes welliges Land. Manchmal kletterten wir steil aufwärts, die Pferde fielen in Schritt, um dann ebenso steil abwärts zu schaukeln, wobei der Hemmschuh des Wagens seine mir unbekannte Rolle spielte. Dann knirschten die Räder gefährlich, und die Pferde spitzten das Ohr. Alles das gab es in Breslau nicht. Es gab auch nicht diese dörflichen Häuser am Wege, aus denen die Bewohner heraustraten und grüßten, weil sie den Schmitzdorfer Wagen kannten – dann und wann rief ihnen Theodor ein lustiges Wort zu und knallte mit der Peitsche. Schließlich passierten wir noch eine letzte Hohlwegschlucht, die Räder ächzten unter dem Hemmschuh, bogen dann scharf rechts ein, von der Chaussee ab, und mußten noch einmal steil ansteigen, bis Theodor auf dem Gutshof mit der Zunge schnalzte und wir nun im schlanken Trabe durch ein Tor vor dem kleinen, reizenden Barockhaus vorfuhren, das, ganz in mächtige Kastanien eingebettet, in einem Schmuckgarten lag, wie ich ihn noch nie gesehen hatte. Oben auf der Plattform über den zehn steinernen Stufen der Freitreppe stand die Gutsherrin, das Fräulein von Studnitz, und neben ihr bemerkte ich ein zierliches, etwas verwachsenes Wesen, welches sich als die Hausdame herausstellte. So begann für knappe zehn Tage mein Landleben auf dem Studnitzschen Familiengut Schmitzdorf im Nimptscher Kreis.

Es gab nie gesehene Dinge, und alles schien mir neu. Es gab im Vorflur einen goldenen, sehr großen Käfig, und darin einen Papagei, der an den Stäben knabberte und »Lore« rief. So hieß die Gutsherrin und so hieß der Papagei. Es gab einen bunten, wilden Hund mit schön gekämmtem Fell vom Adel der Collys, die so vornehm wie dumm sind und keinen Appell haben. Aber dieser Colly war auch das einzig Wilde im Umkreis von Garten und Haus. Sonst war es der stillste, abgeschiedenste Bereich, den ich je in meinem Leben gesehen habe: so bis zur letzten Treppenstufe gepflegt, wie es nur möglich ist, wenn alternde Fräuleins residieren und keine Kinder den harmonischen Gleichschritt der Tage stören. Wie Magdas Mutter in Sudermanns *Heimat* – als die nach Jahren zurückkehrende Tochter ausruft: »Hier hat sich kein Stäubchen gerührt« – hätte auch die Herrin von Schmitzdorf sagen können: »Du wirst hier kein Stäubchen finden.« Es war fast unheimlich, wie genau, wie für eine unabsehbare Dauer berechnet, dort alles an seinem Platz stand, funkelnd und blütenweiß, gelackt und geputzt, und der Gedanke kam mir, daß ich durch diese stillen, von immer frischen Blumen duftenden Zimmer, nicht wie zu Hause mit dem Dreirad hätte fahren dürfen, obwohl es an Raum nicht gefehlt haben würde. Dann gab es noch etwas, das mich sehr verwunderte. Der stille Ort, von außen mit Weinreben umkleidet, führte ohne Zwischenstation in die freie Natur – und dort an der

Tür war ein heiteres Schildchen angebracht, darauf kalligraphisch die Worte geschrieben standen, deren doppelter Sinn sich mir erst später erschloß:

Ein guter Mensch, in seinem dunklen Drange,
Ist sich des rechten Weges wohl bewußt.

Das aber war es nicht: nicht Colly und Papagei, nicht der Blumenduft, der die Zimmer erfüllte, und das Schildchen an der Tür. Auch der große Rohrsessel war es nicht, auf dem man sich wiegen konnte, oder die Reihe der Ahnenbilder an der Eßzimmerwand. Etwas anderes gab es, das ich nicht begriff. Ging man durch den gewölbten Treppenflur, so spürte man eine Luft, die mich schwindeln machte, auch in den Gastzimmern atmete man sie. Sie verzauberte mich, in keiner Stadtwohnung gab es diesen Geruch. Und ich wußte damals noch nicht, daß in ihm die Jahrhunderte umgingen, die den unvergänglichen Stein und das unvergängliche Menschengeschlecht an die Gegenwart der Lebenden anschlossen. Vergangenheit war in ihm und Folge und Daseinsdauer und neuer blühender Tag: der Ring: der in sich selber zurückgriff, bis er gesprengt wurde und zerbrach.

Stärker aber war die Verzauberung, die ich empfand, wenn ich früh in den morgendlichen Garten hinaustrat und das steigende Licht des Maitages den Blattkronen der Kastanien entfloß, die zu mir mit den leiser werdenden Stimmen der Vögel sprachen. Das war anders, als in der Stadt. Das Licht schien kein Ende zu nehmen, es war überall. Keine Häuser hemmten es, keine Schornsteine überwölkten es mit Rauch. Noch dort drüben, weit fort, wo die Höhe anstieg, und der eine, einsame Weg wie in eine grenzenlose Ferne verlief, war der Mai und das Licht: das Schimmernde, das immer die Sehnsucht weckt.

Manchmal sah ich, klein in der Weite, eine Gestalt auf diesem Wege sich nähern, und das Fräulein, die Tante, sagte, das sei der Briefträger, und er käme von dort und dort. Eigentlich glaubte ich es nicht. Das war ein unwirklicher Weg, und auch die Gestalt war es. Ein Briefträger aber ist ein wirklicher Mensch, und es schmerzte mich, daß er es sein sollte.

Mit der Tante stand ich jetzt wieder gut. Sie hatte mir einmal kurz, aber heftig gezürnt, als ich mit Colly, dem Hund, über den Rasen gejagt und dabei in eines der gepflegten Beete getreten war. Denn wenn ich auch manchmal den berückenden Träumen nachhing, die ich unmittelbar auf meiner Haut spürte, als wenn uns ein Schüttelfrost überläuft, so war ich viel eher dem bunten Schäferhund Colly vergleichbar, der aus seiner Natur heraus ungebärdig und ohne rechten Appell ist. Auch vermochte mir der landwirtschaftliche Teil des Gutes keinerlei Anteilnahme abzugewinnen, eine Eigenschaft, die mich leider begleitet hat, selbst dann noch, als ich eine Tochter des schlesischen Landes geheiratet hatte. Um es ehrlich zu sagen, begann ich in der umhegten Schönheit von Garten und Haus allmählich eine Art von Langeweile zu spüren, wie offenbar mein Vater auch, der ein Leben militärischer und reiterlicher Bewegung gewohnt war. So kam es, daß er mir einmal aus einem Märchenbuch vorlas, jenem, das ich zu meinem vorverlegten Geburtstag geschenkt bekommen und mitgebracht hatte. Es war das wenig bekannte Märchen der kleinen Gänseblume, die sterben muß. Das ist jetzt achtundfünfzig Jahre her. Seitdem habe ich niemals eine Gänseblume angesehen, ohne mich jenes pfingstlichen Mai- und Junimorgens zu erinnern, und es ist einer der stärksten Eindrücke, die ich an meinen Vater bewahrt habe.

Denn mit ihm ging es merkwürdig zu. Ich bewunderte ihn, und wahrscheinlich liebte ich ihn auch. Wie er mir damals, in einem Gartenstuhl unter der Kastanie sitzend, das Märchen vorlas, mit einer herzlichen, warmen, gleichmäßigen Stimme, die sich weder merklich senkte noch hob, fühlte ich mich ihm nahe verbunden. Als er aber zu lesen aufgehört hatte, war er für mich wieder der General. Das mag seltsam klingen, weil mich mit dem militärischen Titel keinerlei militärische Zusammenhänge verbanden. Es war nichts anderes, als die »Distanz«, mit der ich aufgewachsen und in der ich erzogen war. Der Vater blieb etwas wie ein göttliches Wesen, und nur in Verehrung durfte man ihm nahen. Ich erzählte schon, daß er mich als den Spätgeborenen mit einer besonderen Zärtlichkeit liebte – sie ganz ohne Scheu zu erwidern, kam mir nicht in den Sinn. Zwar durfte ich an jedem Morgen zusehen, wie er seine Freiübungen machte, und seine Beweglichkeit erstaunte mich immer von neuem, aber die Fröhlichkeit fehlte, mit der später meine eigenen Kinder mit ihrem Vater verkehrten. Und als der General zum ersten und einzigen Mal, auf Anraten meiner neuen Mutter, den Reitstock über mir schwang – nicht sehr heftig – ging ich dieser Prozedur ohne Tränen wie einem unabänderlichen Schicksal entgegen, denn der Herr über eine Brigade war auch Herr über den Sohn. Dann erinnere ich mich, daß wir einmal eine herbstliche Allee entlangspazierten, unsere Hände in seiner Manteltasche verschlungen, um frisch aufklatschende Kastanien zu finden, und ich war glücklicher als je. Wiederum entsinne ich mich eines Tages, als ich mit dem Fräulein einen Gang unternahm und ich den Schecken von den drei Pferden aus meinem Stall im Arm trug. Damals begegneten wir dem Vater, und niemals habe ich den Zorn begriffen, der ihn erfüllte, weil ich mich mit einem Spielzeug auf die Straße gewagt hatte. Ich glaube, es schien ihm weichlich zu sein, und er haßte alles, was weichlich war. Das Fräulein bekam sein Teil ab, und ich auch. Seitdem liebte ich den unschuldigen Anlaß des Tadelns nur um so stärker, und noch viele Jahrzehnte später stand der inzwischen armselig und schäbig gewordene Schecken als Wahrzeichen meiner Kindheit auf einem Schrank.

Erlebnis Berlin

Manchmal habe ich seltsame Vorstellungen, sie kommen von weither, vielleicht aus einer anderen Welt, einem früheren Leben. Aber es kann auch sein, daß es Reste einer Erinnerung sind, die nur mein Unterbewußtsein aufgenommen hat, weil die Vernunft noch nicht fähig ist, sie zu ordnen. Eine von diesen ist der Bahnhof bei Nacht. Es ist kein naturalistischer Bahnhof, wie jeder ihn unzählige Male erlebt hat. Eher scheint es eine schreckhafte Traumvision, die trotzdem immer in den gleichen Linien, Maßen und Räumen verläuft. Eine riesenhafte Halle, halb durchgeschnitten, liegt in fahlem Licht, vom Geräusch fahrender oder rangierender Züge angefüllt, und auch die Geräusche sind ohne Wirklichkeit, gespenstisch wie die Menschen, die meinen Bahnhof bevölkern. Sie schleichen stumm und feindselig aneinander vorüber, keiner von ihnen hat ein Gesicht, doch ihre Pelze sind hochgeschlagen, und wenn sie sich bewegen, sprühen Funken aus ihnen heraus.

Ich glaube nicht, daß es die nächtliche Reise nach Köln war, die mir eine solche Vision eingegeben hat – eine, die man heute wohl surrealistisch nennen würde. Denn damals war ich schon nahezu acht Jahre alt. Und wenn mich auch der bis dahin unbekannte D-Zug in einer besonderen Weise gefangennahm, weil man von Waggon zu Waggon auf den Gängen entlanglaufen und die gefährlich schleudernden Harmonikabindungen überqueren konnte, so gehörte ich doch schon zu denjenigen, die sich aus den Dingen der Wirklichkeit einen Vers machen konnten, bei allem Geheimnisvollen, das eine Nacht im D-Zug und der Aufenthalt auf immer hallenden, erleuchteten Bahnhöfen herlieh. Merkwürdig schien es mir auch, daß es Menschen gab, die mitten in der Nacht dort anzutreffen waren, um ein- oder auszusteigen oder, wie der Mann mit der roten Mütze, wie die Zugführer und Schaffner, ihren Dienst zu tun, nicht anders, als ob es Tag wäre und die Sonne am Himmel stünde.

Dann kam das Erlebnis Berlin. Dort machten wir bei den beiden unverheirateten Schwestern meines Vaters Station. Und wenn die schöne, kühle, großartige Stadt später mehr als dreißig Jahre lang meine andere Heimat gewesen ist, eine Heimat, nicht des Herzens, wohl aber der Faszination, des Berufes und der hellwach schaffenden Vernunft, so habe ich ihr, wo etwas vom Herzen her fehlte, immer meinen frühesten Eindruck gutgeschrieben, der das Gefühl nicht ausnahm. Berlin hatte mich überwältigt.

Dabei wohnten die Tanten nicht an einem Brennpunkt der Stadt, vielmehr in jenem befriedeten, südwestlichen Bezirk, in der Halleschen Straße, zwischen Möckern- und Königsgrätzer Straße, die ihren Namen später so oft geändert hat. Aber alles, weil es Berlin bedeutete, erschien mir wunderbar, sogar jene entsetzlichste Einrichtung alter Patrizierhäuser, die »Hühnerstiege«. Sie führte halsbrecherisch zu dem sogenannten »Hängeboden«, auf dem zu schlafen die Dienstmädchen damals noch verurteilt waren. Die Wohnung überhaupt, mit Urväterhausrat vollgestopft, zog mich an. Gegenüber das Askanische Gymnasium erfüllte mich mit Stolz. Denn während sich dort in den Pausen die schulbeflissene Jugend auf der Straße tummelte, konnte ich vom Fenster aus zusehen, ein freier Mann zwischen der Septima in Breslau, die ich hinter mir gelassen hatte, und der Kölner Septima, die vor mir lag.

Nicht auszudenken aber waren die Sensationen, die Berlin sonst noch bot: die elektrischen Bahnen vor allem, die ohne Pferde fahren konnten; die Omnibusse, denen freilich noch Rösser vorgespannt waren, die jedoch der Schienen entbehrten; das Panoptikum mit seinen oftmals bestürzenden Wachsfiguren; das Aquarium, darin die Riesenschlangen unbeweglich hinter Glasfenstern geringelt lagen – und endlich das Schloß. Zwar die Kaiserstandarte war nicht aufgezogen, S. M. befand sich auf Reisen, wie zumeist. Aber daß hier der Kaiser wohnte, mitten in der

Stadt, und jeder ihn jeden Tag sehen konnte, wenn er in Berlin war, ohne sich anzustellen und von berittenen Schutzleuten bedrängt zu werden, verwunderte mich sehr.

Achtundvierzig Jahre später verließ ich nach einem der schwersten Tagesangriffe, den Berlin erleiden mußte, den Keller im Schlüterhof des Schlosses, der auch für das Kronprinzenpalais, wo unsere Büros lagen, als der gesichertere Schutzraum bestimmt worden war. Der strahlende Junitag war nachtschwarz von Rauch. Das Schloß brannte, der Dom brannte, eine seiner Kuppeln sackte gerade in sich zusammen; das Zeughaus brannte, unsere Büros brannten. Soweit man eben sehen konnte, war die Lindenfront zur Rechten und Linken ein einziges Feuermeer. Wir sprachen nicht, aber ich sehe noch die Gestalten von Gründgens und Werner Kraus neben mir. Als ich mich noch einmal umblickte, bemerkte ich, wie die glühenden Zungen auch aus dem Dach des Schlosses leckten, das in seiner Breitseite nach dem Lustgarten von oben bis unten aufgerissen worden war, wie der Leib, den ein Säbelhieb zerfleischt hat.

Plötzlich mußte ich jenes Tages im Frühjahr 1896 gedenken, da ich hier als Septimaner das erste Erlebnis des Berliner Schlosses empfangen hatte. Dieses, das wußte ich, würde eines der letzten sein. Es ging furchtbar dem Ende zu. Und der Vers des Schlesiers Andreas Gryphius kam mir in den Sinn:

Du siehst, wohin du siehst, nur Eitelkeit auf Erden.
Was dieser heute baut, reißt jener morgen ein;
Wo jetzund Städte stehn, wird eine Wiese sein,
Auf der ein Schäferkind wird spielen mit den Herden.

Was jetzund prächtig blüht, soll bald zertreten werden;
Was jetzt so pocht und trotzt, ist morgen Asch' und Bein,
Nichts ist, das ewig sei, kein Erz, kein Marmorstein,
Jetzt lacht das Glück uns an, bald donnern die Beschwerden.

Damals aber, auf der Durchreise, lachte uns das Glück noch an, und es sollten an vier Jahrzehnte vergehen, ehe die Beschwerden zu donnern begannen. Was sich mir indessen noch tiefer eingeprägt hat, als elektrische Bahnen, Panoptikum und Schloß, war eine der kleinen Unwägbarkeiten, die so oft unser Leben begleiten und eine niemals ganz zu begreifende Rolle für uns spielen – freilich nur für uns selbst. Als wir an jenem Morgen in Berlin ankamen, fiel ein leichter Frühlingsregen, und daß der Himmel bedeckt war, erhöhte nur bis zum Geheimnis die Heimlichkeit. Aber auch der Regen war es nicht, nicht die Heimlichkeit an sich. Es war der merkwürdig gedämpfte Ton des Hufschlags und der Wagenräder auf nassem Asphalt. Das war mein allererster Eindruck von Berlin – vielleicht darum, weil es in Breslau noch keinen Asphalt gab. Und so oft ich in meinem Leben den Ton gehört habe, sagte eine unbewußte Stimme in mir: Berlin.

ERICH KÄSTNER, 1899 in Dresden geboren, ist ein Sonderfall unter den deutschen Schriftstellern, denn er schrieb neben seinen »bitterbösen satirischen Gedichtsbänden« (Herz auf Taille, Lärm im Spiegel, Ein Mann gibt Auskunft), mit denen er 1927 seine ersten Attacken gegen die Trägheit der Herzen und die Unbelehrbarkeit der Köpfe ritt, gleichzeitig seine von jung und alt begeistert aufgenommenen Kinderbücher wie »Emil und die Dedektive«, »Pünktchen und Anton«, »Das fliegende Klassenzimmer« u. a., er schrieb außerdem den Zeitroman »Fabian«, die heiteren Romane »Drei Männer im Schnee«, »Der kleine Grenzverkehr« und er trat nach dem Krieg als geistreicher Epigrammatiker und treffsicherer Chansonist hervor. Kästner selbst schreibt über dieses »Durcheinander von Gattungen und Positionen« und wie es sich zusammenreime: »Dieser Erich Kästner ist ein Moralist. Er ist ein Rationalist. Er ist ein Urenkel der deutschen Aufklärung, spinnefeind der unechten ›Tiefe‹, die im Land der Dichter und Denker nie aus der Mode kommt, untertan und zugetan den drei unveräußerlichen Forderungen: nach der Aufrichtigkeit des Empfindens, nach der Klarheit des Denkens und nach der Einfachheit in Wort und Satz.« *In jedem seiner Bücher findet man diese Forderungen bestätigt, ganz besonders aber auch in seinem Erinnerungsbuch »Als ich ein kleiner Junge war«, in dem er* Kindern *etwas über seine Kindheit erzählen will und doch wiederum auch den* Erwachsenen *das »Unvergeßliche« nahezubringen weiß. Kästner wuchs, wie man so sagt, in »kleinsten Verhältnissen« auf. Sein Vater arbeitete in einer Kofferfabrik, seine Mutter war Näherin, sie wohnten in einer Mietskaserne. Aber das ist, wie er sagt, kein Grund zum Weinen. So wird denn auch in seinem köstlichen Erinnerungsbuch wenig geweint und viel gelacht. Eine Probe davon gibt das nachstehende Kapitel.*

ERICH KÄSTNER

Vom Kleinmaleins des Lebens

Die ersten Schuljahre flossen friedlich und freundlich dahin. Lehrer Bremser mußte sich nicht allzusehr über uns ärgern, und auch wir waren mit ihm recht zufrieden. Vor den Osterferien wurden feierlich die Zensuren verteilt. Die Eltern durften dabei sein, und um sie zu erfreuen, sangen wir Kinderlieder und deklamierten Lesebuchgedichte. Da ich damals, für besondere Gelegenheiten, einen Samtanzug trug und als Vortragskünstler unentbehrlich zu sein schien, nickten die Erwachsenen, wenn ich aufstand und zur Saalmitte schritt, einander lächelnd zu und murmelten: »Die kleine Samthose macht auch wieder mit!« Die kleine Samthose, das war ich. Und Frau Kästner setzte sich, stolzgeschwellt, kerzengerade. Sie hatte, im Gegensatz zu mir, keinerlei Lampenfieber und nicht die mindeste Sorge, ich könne steckenbleiben. Sie behielt, wie immer, recht. Ich blieb nicht stecken. Die Zensuren waren, wie immer, vorzüglich. Und auf dem Nachhausewege gingen wir in eine Konditorei, wo ich mit Bienenstich, Prasselkuchen und heißer Schokolade traktiert wurde. (Wißt ihr, was Prasselkuchen ist? Nein? Ach, ihr Ärmsten!)

Da ich Lehrer werden wollte und sollte, gab es beizeiten mancherlei zu bedenken. Und es wurde beizeiten bedacht. Die Ausbildung würde Geld kosten. Die Jahre im Internat würden Geld kosten. Das Schulgeld würde Geld kosten. Der Klavierunterricht würde Geld kosten. Und das Klavier selber würde auch Geld kosten. Es kostete dann, ich weiß es noch genau, ›gebraucht und aus privater Hand‹, achthundert Mark. Das war ein Vermögen!

Mein Vater hatte längst begonnen, nach Feierabend daheim für Nachbarn und Verwandte Taschen und Mappen instand zu setzen, Schuhe zu besohlen, Ranzen und Koffer nachzunähen und unzerreißbare Portemonnaies und Brieftaschen herzustellen, die das Entzücken der Kundschaft wachriefen. Er saß, mit der Zigarre im Mund, neben dem Küchenfenster auf seinem Schusterschemel und hantierte unermüdlich mit Nägeln, Stiften, Sandpapier, Pechfaden, Wachs und Nadeln, mit Hammer, Messer, Knieriemen, Schmiege und Falzbein, und auf dem Herd, neben der Nudelsuppe, kochte der Leim im Topf. Wißt ihr, wie kochender und brutzelnder Leim riecht? Noch dazu in der Küche? Für einen Sattler und Tapezierer mag er ja wie Rosenwasser duften. Doch für eine Frau, die am Herde steht und abends das Mittagessen vorkocht, stinkt er wie tausend ungewaschne Teufel! Die Nudelsuppe, das Rindfleisch, die weißen Bohnen und die Linsen, alles, was sie koche, erklärte meine Mutter, rieche und schmecke nach Leim, und nun sei damit Schluß!

So wurde mein Vater aus dem Küchenparadies vertrieben. Er ging in die Verbannung. Von nun an saß er abends, hinter dem Lattenverschlag, zwischen unseren Kohlen, Briketts und Kartoffeln, mit der Strickjacke und dicken Filzpantoffeln, drunten im Keller. Hier war jetzt seine Werkstatt. Hier kräuselte sich jetzt der Rauch seiner Zigarre. Hier unten schmorte nun, auf einem Spirituskocher, der Blasen werfende Leim. Dem Leim und meinem Vater waren seitdem viel wohler zumute.

Hier unten baute er noch, mit siebzig Jahren und manchem Topfe Leim, ein lebensgroßes Pferd! Ein Pferd mit Glasaugen, aber mit echter Mähne und echtem Schweif; und Sattel und Zaumzeug wurden von den Hausbewohnern ehrfürchtig angestaunt. Auf diesem Pferde, vom Widerrist aus lenkbar, weil das edle Tier unter der Schabracke statt der Hufe gekoppelte Gummiräder hatte, – auf diesem stolzen Renner wollte mein Vater am Faschingsumzug teilnehmen. Daraus wurde leider nichts. Denn der Motor des Pferdes, ein gleichfalls siebzigjähriger Bekannter, der, unter der Schabracke verborgen, Pferd und Reiter hätte schieben müssen, bekam die Grippe. So fiel der schöne Plan ins Wasser. Doch mein Vater trug auch diese Enttäuschung mit der ihm eigenen Geduld. Der Geduldsfaden riß ihm, in seinem geduldigen Leben, nur ganz, ganz selten. Er war stets ein Meister des Handwerks und fast immer ein Meister im Lächeln. Er ist es auch heute noch.

Als ich ein kleiner Junge war, baute mein Vater noch keine lebensgroßen Pferde. Er wollte soviel Geld wie möglich verdienen, damit ich Lehrer werden konnte. Und er arbeitete und verdiente, soviel er vermochte, und das war zu wenig.

Deshalb beschloß meine Mutter, einen Beruf zu erlernen. Und wenn meine Mutter etwas beschlossen hatte, gab es niemanden, der es gewagt hätte, sich ihr in den Weg zu stellen. Kein Zufall und kein Schicksal wären so vorlaut gewesen! Ida Kästner, schon über fünfunddreißig Jahre alt, beschloß, einen Beruf zu ergreifen, und sie ergriff ihn. Weder sie, noch das Schicksal zuckten mit der Wimper. Die Größe eines Menschen hängt nicht von der Größe seines Wirkungsfeldes ab. Das ist ein Lehrsatz und ein Grundsatz aus dem Kleinmaleins des Lebens. In den Schulen wird er nur selten erwähnt.

Meine Mutter wollte, trotz ihres Alters, wie ein Lehrling das Frisieren erlernen und eine selbständige Friseuse werden. Nicht mit einem Ladengeschäft, das wäre zu teuer geworden. Sondern mit der Erlaubnis, das Gewerbe des Frisierens, des Ondulierens, der Kopfwäsche und der schwedischen Kopfmassage in der Wohnung auszuüben. Der Innungsmeister, den sie aufsuchte, machte viele Einwände. Sie ließ keinen Einwand gelten, und so galt keiner. Sie wurde an Herrn Schubert, einen renommierten Damenfriseur in der Strehlener Straße, verwiesen. Hier lernte sie, mit Talent und Feuereifer, alles, was es zu lernen gab, und kam, wochenlang, erst abends nach Ladenschluß heim. Müde und glücklich.

Damals war ich viel allein. Mittags aß ich für fünfzig Pfennig im Volkswohl. Hier herrschte Selbstbedienung, und das Eßbesteck, das man mitbringen mußte, holte ich aus dem Ranzen. Zu Hause spielte ich, mit Mamas Schlüsselbund, Wohnungsinhaber, machte Schularbeiten und Besorgungen, holte Holz und Kohlen aus dem Keller, schob Briketts in den Ofen, kochte und trank mit dem Lehrer Schurig, wenn er heimgekommen war, Kaffee und ging, während er sein Nachmittagsschläfchen auf dem grünen Sofa erledigte, in den Hof. Wenn er wieder fort war, wusch und schälte ich Kartoffeln, schnitt mich ein bißchen in den Finger und las, bis es dämmerte.

Oder ich marschierte quer durch die Stadt und holte meine Mutter bei Schuberts ab. Wenn ich, aus Angst, zu spät zu kommen, zu früh kam, sah ich zu, wie sie die Brenneisen schwang, erst an einem Stück Seidenpapier ausprobierte und dann an den meterlangen Haaren der Kundinnen. Die Frauen hatten ja damals noch lange Haare, und bei manchen reichten sie bis in die Kniekehlen! Es roch nach Parfüm und Birkenwasser. Die Kundinnen blickten unverwandt in den Spiegel und begutachteten die Frisur, die unter Mamas flinken Händen und unter Zuhilfenahme von Haarwolle, Brillantine und Lockennadeln hervorwuchs. Zuweilen blieb Meister Schubert, im weißen Kittel, neben seiner Schülerin und deren Opfer stehen, lobte oder griff kurz ein und zeigte sich von Woche zu Woche zufriedener.

Schließlich teilte er der Innung mit, daß die Hospitantin bei ihm alles Erforderliche gelernt habe, für ihr Handwerk viel Geschick und Geschmack besitze und daß er, als Meister und Inhalber Goldener und Silberner Medaillen, die Zulassung der Antragstellerin entschieden befürworte. Daraufhin erhielt Frau Ida Amalia Kästner, geb. Augustin, eine Urkunde, worauf der ›Vorgenannten‹ erlaubt wurde, sich als selbständige Friseuse zu bezeichnen und zu betätigen. Daraufhin holte ich, am selben Abend, in der Restauration ›Sibyllenort‹, Ecke Jordanstraße, zwei Liter einfaches Bier, und der Sieg wurde gewaltig gefeiert.

Als Friseurladen wurde, da kein anderer Platz übrigblieb, das linke Vorderviertel des Schlazimmers hergerichtet. Mit einem Wandspiegel, einer Lampe, einem Wasserbecken, einem Anschluß für den Trockenapparat und mit Wandarmen für die Erhitzung der Brenn- und Ondulierscheren. Auf eine Warmwasseranlage wurde großzügig verzichtet. Sie wäre zu teuer geworden. Die Herstellung heißen Wassers für die Kopfwäsche, auf den Gasflammen in der Küche, wurde mir übertragen, und ich habe in den folgenden Jahren ganz gewiß Tausende von Krügen aus der Küche ins Schlafzimmer transportiert.

Kämme und Bürsten, Frottier- und Handtücher, flüssige Seife, Haarwasser, Brillantine, Nadeln, Lockennadeln, Haarnetze, Haareinlagen und Fette für die Kopfmassage mußten angeschafft werden. Geschäftskarten wurden verteilt. An der Haustür wurde ein Porzellanschild angeschraubt. Abonnementkarten, für Frisuren und für Kopfmassagen, wurden gedruckt. O, es gab vielerlei zu bedenken!

Schließlich mußte Tante Martha noch ein paar Tage ihren Kopf hinhalten. Die ältere Schwester ondulierte, massierte und frisierte die jüngere, bis beiden vor Eifer und Gelächter die Puste ausging. Der einen taten die Finger und der anderen der Kopf weh. Doch die Generalprobe war nötig gewesen. Premieren ohne Generalprobe gibt es nicht. Erst dann darf das Publikum kommen. Und das Publikum kam.

Die Frau Bäckermeisterin Wirth und die Frau Bäckermeisterin Ziesche, die Frau Fleischermeisterin Kießling und die Frau Gemüsehändlerin Kletsch, die Frauen des Klempnermeisters, des Fahrradhändlers, des Tischlermeisters, des Blumenhändlers, des Drogisten und des Papierwarengeschäftsinhabers, die Frau des Schneidermeisters Großhennig, des Weiß- und Kurzwarenhändlers Kühne, des Restaurateurs, des Fotografen, des Apothekers, des Spirituosenhändlers, des Kohlenhändlers, des Wäschereibesitzers Bauer, die Inhaberin des Milchgeschäfts, die Töchter dieser Frauen, die Leiterinnen von Filialen und die Verkäuferinnen, – alle strömten herbei. Erstens mußten sie, hinterm Ladentisch, adrett aussehen. Zweitens gab es in unserer Gegend wenig Damenfriseure. Drittens kamen sie, weil wir bei ihnen einkauften, und viertens, weil meine Mutter tüchtig und preiswert war.

Sie hatte alle Hände voll zu tun. Das Geschäft florierte. Und oft genug mußte ich aufpassen, daß das Mittagessen auf dem Herde nicht völlig verbrutzelte. »Erich, iß schon immer!« rief sie von nebenan. Aber ich wartete, drehte die Gasflammen klein, löffelte Wasser in die dampfenden Kochtöpfe, präparierte die Bratpfanne, deckte den Küchentisch und las, bis, nach längeren Unterhaltungen zwischen der Kundschaft und der geschätzten Friseuse im Korridor, endlich die Wohnungstür zuschlug.

Die geschätzte Friseuse wirkte auch außer Haus. Dann packte sie ihr Handwerkszeug, samt dem Spiritusbrenner, in die Mappe und eilte im Geschwindschritt bis, wenn es sein mußte, in die entferntesten Stadtviertel. Diese beruflichen Gewaltmärsche galten vor allem den Kundinnen ›im festen Abonnement‹. Auf sie mußte besondere Rücksicht genommen werden, denn sie waren schließlich das Rückgrat des Geschäfts. Sie zahlten ja zehn oder zwanzig Frisuren oder Massagen auf einmal! Unter den Abonnentinnen befand sich die Gattin eines reichen Juweliers, aber auch eine ärmliche Hausiererin, und gerade an sie erinnere ich mich gut.

Sie hieß Fräulein Jaenichen, wohnte am Turnerweg, über einer Kneipe, in einem trostlosen Zimmer und konnte sich nicht selbst frisieren, weil sie ein Krüppel war. Ihre Hände, aber auch die Füße, ja, der ganze Körper, alles war krumm und schief und verbogen. Niemand kümmerte sich um die unglückliche Person. Und so humpelte sie, auf eine kurze und eine längere Krücke gestützt, mit einer schweren Kiepe auf dem Buckel, über Land. Sie klingelte bei den Bauern und verkaufte allerlei kleinen Hausrat: Knöpfe, Bänder, Sicherheitsnadeln, Borten, Schnürsenkel, Schürzen, Wetzsteine, Gasanzünder, Nähseide, Strickwolle, Häkeldeckchen, Taschenmesser, Bleistifte und vieles andre. Und gerade weil sie so abschreckend aussah, die Arme, legte sie besonderen Wert darauf, schön frisiert zu sein.

Morgens gegen sechs Uhr mußte meine Mutter aus dem Haus. Ich begleitete sie sehr oft, als würde es ihr dadurch leichter, das muffige Zimmer und den Anblick der unglückseligen Person zu ertragen. Eine halbe Stunde später halfen wir ihr, den schweren Korb mit den breiten Ledergurten zu schultern. Und dann kroch und watschelte sie, auf die ungleichen Krücken gestützt, zum Neustädter Bahnhof, von wo aus sie, in Vorortzügen, auf die Dörfer fuhr. Sie wankte, gebückt und nach beiden Seiten pendelnd, den Bahndamm entlang, hinein in die kühle Frühe und brauchte zehnmal mehr Zeit als die anderen Leute, die sie überholten. Es sah aus, als humple und trete sie auf der Stelle.

Sehr wichtig waren auch, geschäftlich betrachtet, die Hochzeiten. Da galt es, in der Wohnung der Brauteltern zehn, zwölf, wenn nicht gar fünfzehn weibliche Wesen herzurichten: die Brautjungfern, die Mutter, die Schwiegermutter, die Schwestern, Tanten, Freundinnen, Großmütter und Schwägerinnen und, vor allem, die glückliche Braut höchstselbst. Die Wohnungen waren klein. Die Aufregung war groß. Man trank süßen Südwein. In der Küche brannte der Quarkkuchen an. Die Schneiderin brachte das Hochzeitskleid zu spät. Die Braut heulte. Der Bräutigam kam zu früh. Die Braut heulte noch mehr. Der Brautvater schimpfte, weil er die Schachtel mit den Kragenknöpfchen nicht fand. Die Frauen, in Taft und Seide, schnatterten. »Frau Kästner!« rief es hier. »Frau Kästner!« rief es dort. Frau Kästner steckte inzwischen den Brautschleier und schnitt, weil er zu lang war, mit der Schere einen halben Meter weißen Tüll ab.

Vorm Hause bremsten die Hochzeitskutschen. Der Bräutigam und ein Brautführer polterten mit Flaschenbieren treppab, um den Kutschern das Warten zu erleichtern. Doch auch das war kein rechter Ausweg. Denn der Herr Pastor am Traualtar, der wartete nicht! Es wurde ja nicht nur bei Müllers geheiratet, sondern auch bei Schulzes, Meiers und Grundmanns. Wo waren die Buketts und die Körbchen für die Blumenstreukinder, und wo steckten die Blumenstreukinder selber? Natürlich in der Küche, voller Kakaoflecken! Wo war die Flasche mit dem Fleckenwasser? Wo die Zylinderschachtel? Wo das Myrtensträußchen fürs Knopfloch? Wo waren die Gesangbücher?

Endlich knallte die Wohnungstür zu. Endlich rollten die Kutschen zur Kirche. Endlich war die Wohnung leer. Fast leer! Die Nachbarin, die versprochen hatte, auf den Braten aufzupassen, begann die Tische und die Stühle zusammenzustellen und die Hochzeitstafel zu decken. Mit den schönen Damasttüchern. Mit dem Meißner Zwiebelmusterporzellan. (›Protzellan‹ nannte ich das.) Mit dem Alpakasilber. Mit den bunten Kristallgläsern, die ›Römer‹ heißen. Mit kunstvoll über den Damast verstreuten Blumen.

Meine Mutter saß inzwischen mit müden Füßen und schmerzenden Händen, am Küchentisch, trank eine Tasse Bohnenkaffee, probierte den Kuchen, wickelte für mich ein Stück ein, stopfte es in ihre große Tasche und zählte den Verdienst und das Trinkgeld. Alle Knochen taten ihr weh. Im Kopf sauste und brauste es. Doch die Hochzeit hatte sich gelohnt. Die nächste Rate fürs Klavier konnte bezahlt werden. Und die nächste Klavierstunde bei Fräulein Kurzhals auch.

Die seltsamste Hochzeit, an die ich mich erinnere, hat sich mir deswegen eingeprägt, weil sie überhaupt nicht stattfand. Und das lag nicht daran, daß der Bräutigam vorm Altar Nein gesagt hätte oder aus der Kirche geflüchtet wäre. Es lag daran, daß es gar keinen Bräutigam gab! Das beste wird sein, wenn ich die Geschichte der Reihe nach erzähle.

Eines Tages erschien bei uns ein älteres Fräulein namens Strempel, erzählte, daß sie am kommenden Sonnabend in der St. Pauli-Kirche getraut werden würde, und bestellte meine Mutter für acht Uhr morgens. In der Oppelstraße 27, zwei Treppen links. Zehn Köpfe müßten festlich hergerichtet werden. Die Brautkutsche und fünf Droschken seien bestellt. Das Essen liefere das Hotel Bellevue, mit einer Eisbombe zum Nachtisch und einem Servierkellner im Frack. Fräulein Strempel machte verklärte Augen und schwärmte wie ein Backfisch. Wir gratulierten ihr zu ihrem Glück, und als sie gegangen war, gratulierten wir uns. Doch wir gratulierten zu früh.

Denn als ich am Sonnabend mittag aus der Schule kam, saß meine Mutter niedergeschlagen in der Küche und hatte verweinte Augen. Sie hatte Punkt acht Uhr im Hause Oppelstraße 27, zwei Treppen links, geläutet, war verblüfft und ärgerlich abgewiesen worden. Hier wohne kein Fräulein Strempel, und niemand denke daran, mittags in der St. Pauli-Kirche zu heiraten!

Hatte sich meine Mutter eine falsche Hausnummer gemerkt? Sie fragte in den umliegenden Läden. Sie erkundigte sich in den Nachbarhäusern. Sie klingelte an allen Türen. Sie stellte die Oppelstraße auf den Kopf. Keiner kannte Fräulein Strempel. Und niemand hatte die Absicht, sich frisieren oder gar am Mittage trauen zu lassen. Unter den Leuten, die Auskunft gaben, waren auch nette Menschen, aber so gefällig war nicht einer.

Nun saßen wir also in der Küche und wunderten uns. Daß wir angeführt waren, hatten wir begriffen. Doch warum hatte uns die Person beschwindelt? Warum denn nur? Sie hatte meine Mutter geschädigt. Aber wo war ihr eigner Nutzen?

Ein paar Wochen später sah ich sie wieder! Ich kam mit Kießlings Gustav aus der Schule, und sie ging an uns vorüber, ohne mich zu erkennen. Sie schien es eilig zu haben. Da war nicht viel Zeit zu verlieren! Jetzt oder nie! Rasch nahm ich den Ranzen vom Rücken, gab ihn dem Freund, flüsterte: »Bring ihn zu meiner Mutter, und sag ihr, ich käme heute später!« Und schon lief ich der Person nach. Gustav starrte hinter mir drein, zuckte die Achseln und brachte brav den Schulranzen zu Kästners. »Der Erich kommt heute später«, richtete er aus. »Warum?« fragte meine Mutter. »Keine Ahnung«, sagte Gustav.

Inzwischen spielte ich Detektiv. Da mich Fräulein Strempel, die wahrscheinlich gar nicht Strempel hieß, nicht wiedererkannt hatte, war die Sache einfach. Ich brauchte mich nicht zu verstecken. Ich brauchte mir keinen Vollbart umzuhängen. Wo hätte ich den auch so schnell hernehmen sollen? Ich mußte nur aufpassen, daß ich ihr auf den Fersen blieb. Nicht einmal das war ganz leicht, denn Fräulein Strempel oder Nichtstrempel hatte große Eile und lange Beine. Wir kamen gut vorwärts.

Albertplatz, Hauptstraße, Neustädter Markt, Augustusbrücke, Schloßplatz, Georgentor, Schloßstraße, es wollte kein Ende nehmen. Und ganz plötzlich nahm es doch ein Ende. Die Person bog links in den Altmarkt ein und verschwand hinter den gläsernen Flügeltüren von Schlesinger & Co., feinste Damenkonfektion. Ich faßte mir ein Herz und folgte ihr. Was werden sollte, wußte ich nicht. Daß mich der Geschäftsführer, die Direktricen und die Verkäuferinnen musterten, war peinlich. Aber was half's? Die Person durchquerte das Erdgeschoß, Abteilung Damenmäntel. Ich auch. Sie stieg die Treppe hoch und passierte den ersten Stock, Abteilung Kostüme, und stieg die nächste Treppe hoch. Ich auch. Sie betrat den zweiten Stock, Abteilung Sommer- und Backfischkleider, ging auf einen Wandspiegel zu, schob ihn zur Seite – und verschwand. Der Spiegel schob sich, hinter ihr, wieder an den alten Fleck. Es war wie in ›Tausendundeine Nacht‹.

Da stand ich nun zwischen Ladentischen, Spiegeln, fahrbaren Garderoben und unbeschäftigten Verkäuferinnen und rührte mich, vor Schreck und Pflichtgefühl, nicht von der Stelle. Wenn wenigstens Kundinnen dagewesen wären und anprobiert und gekauft hätten! Aber es war ja Mittagszeit, da war man daheim und nicht bei Schlesingers! Die Verkäuferinnen begannen zu kichern. Eine von ihnen kam auf mich zu und fragte mutwillig: »Wie wär's mit einem flotten Sommerkleidchen für den jungen Herrn? Wir haben entzückende Dessins auf Lager. Darf ich Sie zum Anprobieren in die Kabine bitten?« Die anderen Mädchen lachten und hielten sich die Hand vor den Mund. Solche Gänse! Wieso war Fräulein Nichtstrempel hinter dem Spiegel verschwunden? Und wo war sie jetzt? Ich stand wie auf Kohlen. Eine Minute kann sehr lang sein.

Und schon wieder näherte sich eines dieser niederträchtigen Frauenzimmer! Sie hatte ein buntes Kleid vom Bügel genommen, hielt es mir unters Kinn, kniff prüfend die Augen zusammen und sagte: »Der Ausschnitt bringt ihre wundervolle Figur vorzüglich zur Geltung!« Die Mädchen wollten sich vor Lachen ausschütten. Ich wurde rot und wütend. Da erschien eine ältere Dame auf der Bildfläche, und die Etage wurde mäuschenstill. »Was machst denn du hier?« fragte sie streng. Weil mir nichts Besseres einfiel, antwortete ich: »Ich suche meine Mutter.« Eines der Mädchen rief: »Von uns ist es keine«, und das Gelächter brach von neuem los. Sogar die ältere Dame verzog das Gesicht.

In diesem Moment glitt der Wandspiegel lautlos zur Seite, und Fräulein Nichtstrempel trat heraus. Ohne Hut und Mantel. Sie strich sich übers Haar, sagte zu den anderen: »Mahlzeit allerseits!« und begab sich hinter einen der Ladentische, – sie war, bei Schlesinger im zweiten Stock, Verkäuferin! Und schon war ich auf der Treppe. Ich suchte den Geschäftsführer. Hier war ein Gespräch zwischen Männern am Platze!

Nachdem sich der Geschäftsführer meine Geschichte angehört hatte, hieß er mich warten, stieg in den zweiten Stock und kehrte, nach fünf Minuten, mit Fräulein Nichtstrempel zurück. Sie war wieder in Hut und Mantel. Und sie sah durch mich hindurch, als sei ich aus Glas. »Höre gut zu!« sagte er zu mir. »Fräulein Nitzsche geht jetzt mit dir nach Hause. Sie wird sich mit deiner Mutter einigen und deren Schaden ratenweise gutmachen. Hier ist ein Zettel mit Fräulein Nitzsches Adresse, steck ihn ein, und gib ihn deiner Mutter! Sie kann mich, falls es notwendig sein sollte, jederzeit aufsuchen. Adieu!«

Die Glastüren schwangen auf und zu. Fräulein Strempel, die Nitzsche hieß, und ich standen auf dem Altmarkt. Sie bog, ohne mich eines Blickes zu würdigen, in die Schloßstraße ein, und ich folgte ihr. Es war ein schrecklicher Marsch. Ich hatte gesiegt und fühlte mich recht elend. Ich kam mir vor wie einer jener bewaffneten Soldaten, die auf dem Heller hinter den Militärgefangenen herliefen. Ich war stolz und schämte mich. Beides zu gleicher Zeit. Das gibt es.

Schloßstraße, Schloßplatz, Augustusbrücke, Neustädter Markt, Hauptstraße, Albertplatz, Königsbrücker Straße, – immer ging sie, kerzengerade, vor mir her. Immer folgte ich ihr mit fünf Schritten Abstand. Noch auf der Treppe. Vor unsrer Wohnungstür drehte sie sich zur Wand. Ich klingelte dreimal. Meine Mutter stürmte zur Tür, riß sie auf und rief: »Nun möcht ich endlich wissen, warum du ...« Dann merkte sie, daß ich nicht allein war und wen ich mitbrachte. »Treten Sie näher, Fräulein Strempel«, sagte sie. »Fräulein Nitzsche«, verbesserte ich.

Sie wurden sich einig. Man vereinbarte drei Monatsraten, und Fräulein Nitzsche kehrte, mit einer Bescheinigung meiner Mutter in der Handtasche, zu Schlesinger & Co. zurück. Sie verzog keine Miene. Der Schaden ließ sich verschmerzen. Und trotzdem war es eine Katastrophe. Wir erfuhren es mit der Zeit. Die Gläubiger kamen von allen Seiten. Das Hotel, die Weinhandlung, der Fuhrhalter mit der Hochzeitskutsche, der Blumenladen, ein Wäschegeschäft, alle fühlten sich geschädigt, und alle wollten einen Teil des Schadens ratenweise ersetzt haben. Und Fräulein Nitzsche zahlte ihn ab. Monatelang.

Zum Glück behielt sie ihren Posten bei Schlesinger. Denn sie war eine tüchtige Verkäuferin. Und der Geschäftsführer hatte begriffen, was ich noch nicht begreifen konnte. Ein alterndes Fräulein, das keinen Mann fand, hatte heiraten wollen, und weil sich ihr Wunsch nicht erfüllte, log sie sich die Hochzeit zusammen. Es war ein teurer Traum. Ein vergeblicher Traum. Und als sie erwacht war, bezahlte sie ihn ratenweise und wurde mit jeder Monatsrate ein Jahr älter. Manchmal begegneten wir uns auf der Straße. Wir sahen einander nicht an. Wir hatten beide recht und unrecht. Doch ich war besser dran. Denn sie bezahlte einen ausgeträumten Traum, ich aber war ein kleiner Junge.

Eine andere Hochzeit, an die ich mich erinnere, brachte uns noch viel mehr Kummer, obwohl sie kein mißratener Traum war, sondern stattfand, wie sich's gehört. Diesmal war der Bräutigam keine Erfindung. Es gab ihn, und er machte keine Fluchtversuche. Doch das Elternhaus der Braut und die Kirche lagen in Niederpoyritz, weit draußen im Elbtal, und der Wintertag, zwischen Weihnachten und Neujahr, war hart, eiskalt und unerbittlich.

Ich wartete im Gasthof. Ich saß und aß und las, und die Stunden ließen sich viel Zeit. Sie schlichen müde um den glühenden Kanonenofen herum. Die Welt vorm Fenster war grauweiß und kahl, und der Wind fegte die Felder wie ein betrunkener Hausknecht. Er kehrte den alten, verharschten Schnee aus einer Ecke in die andre. Er wirbelte ihn wie Staub in die Luft und heulte und johlte, daß die Fenster klirrten. Manchmal blickte ich hinaus und dachte: ›So muß es in Sibirien sein!‹ Und es war doch nur in Niederpoyritz bei Dresden an der Elbe.

Als mich meine Mutter nach fünf Stunden abholte, war sie von der Arbeit so erschöpft, daß sie sich nicht auszuruhen traute. Sie drängte zum Aufbruch. Sie wollte heim. Und so machten wir uns auf den Weg. Es war ein Weg ohne Wege. Es war ein Tag ohne Licht. Wir versanken in Schneewehen. Der Sturm sprang uns von allen Seiten an, daß wir taumelten. Wir hielten uns einander fest. Wir froren bis unter die Haut. Die Hände starben ab. Die Füße waren wie aus Holz. Die Nase und die Ohren wurden kalkweiß.

Kurz bevor wir die Haltestelle erreichten, fuhr die Straßenbahn davon, so sehr wir auch riefen und winkten. Die nächste kam zwanzig Minuten später. Sie war ungeheizt und von Schnee verklebt. Wir saßen während der langen Fahrt stumm und steif nebeneinander und klapperten mit den Zähnen. Daheim legte sich meine Mutter ins Bett und blieb zwei Monate liegen. Sie hatte große Schmerzen in den Kniegelenken. Sanitätsrat Zimmermann sprach von einer Schleimbeutelentzündung und verordnete Umschläge mit fast kochendem Wasser.

In diesen Wochen war ich Krankenschwester, verbrühte mir die Hände und panierte sie mit Kartoffelmehl. Ich war Koch und fabrizierte mittags, wenn ich aus der Schule kam, Rühreier, deutsche Beefsteaks, Bratkartoffeln, Reis- und Nudelsuppen mit Rindfleisch, Niere und Wurzelwerk, Linsen mit Würstchen, sogar Rindfleisch mit Senf- und Rosinensauce. Ich war Kellner und servierte meine versalzenen, zerkochten und angebrannten Meisterwerke stolz und ungeschickt auf Mutters Bett. Ich deckte abends Lehrer Schurigs Tisch mit kalter Küche und schnitt mir manchmal heimlich eine Scheibe Wurst ab. Ich holte, für unser eignes Abendbrot, die Mahlzeiten in großen Töpfen aus dem Volkswohl, und wenn mein Vater aus der Kofferfabrik heimkam, wärmten wir das Essen auf. Nach dem Essen wuschen wir das Geschirr ab, und Paul Schurig half beim Abtrocknen. Die Teller und Tassen klapperten und klirrten, daß die Mama im Schlafzimmer zusammenzuckte.

Manchmal wuschen wir sogar die Wäsche und hängten sie auf die Leine, die wir quer durch die Küche gezogen hatten. Dann krochen wir, geduckt wie Indianer auf dem Kriegspfad, unter und zwischen den klatschnassen Taschentüchern, Hemden, Bett- und Handtüchern und Unterhosen umher und probierten alle Viertelstunden, ob die Wäsche endlich trocken sei. Doch sie ließ sich nicht drängen, und wir mußten mit dem Scheuerhader manche Pfütze aufwischen, damit das Linoleum keine Flecken bekam.

Es war eine rechte Junggesellenwirtschaft. Und meine

Mutter litt nicht nur wegen ihrer Knie, sondern auch unsertwegen. Sie hatte Angst ums Geschirr. Sie hatte Angst, ich könne verhungern. Und sie hatte Angst, die Kundinnen würden ihr untreu werden und zur Konkurrenz gehen. Diese Sorge war nicht unberechtigt. In der Eschenstraße hatte sich ein Damenfriseur etabliert und machte in den umliegenden Geschäften seine Antrittsbesuche. Da tat Eile not.

Sanitätsrat Zimmermann erklärte, die Patientin sei noch krank. Die Patientin behauptete, sie sei gesund. Und so blieb kein Zweifel, wer von beiden recht behielte. Sie stand auf, biß die Zähne zusammen, hielt sich beim Gehen unauffällig an den Möbeln fest und war gesund. Ich trabte, die frohe Botschaft verkündend, von Geschäft zu Geschäft. Die Konkurrenz war abgeschlagen. Der Haushalt kam wieder ins Lot. Das Leben nahm seinen alten Gang.

FRIEDRICH SIEBURG, 1893 in Altena in Westfalen geboren und 1964 verstorben, wurde den Lesern schon im ersten Dämmerstunden-Band mit einem Erinnerungsstück vorgestellt. Diesesmal sei — dem Thema des vorliegenden Bandes entsprechend — aus seinem 1950 erschienenen Buch »Unsere schönsten Jahre / Ein Leben in Paris« ein Erinnerungsstück gebracht, das im besonderen die Verbundenheit des Autors mit Paris aufzeigt und die erste unvergeßliche Begegnung mit dieser »bezauberndsten Stadt der Welt«, in der er über zehn Jahre als Auslandskorrespondent der »Frankfurter Allgemeinen« lebte.

FRIEDRICH SIEBURG

Komm wieder, holdes Bild!

Nicht immer war es möglich, unseren durchreisenden Landsleuten, die einzuladen waren, ihre Bitte »Nur keine Deutschen!« zu erfüllen. Ja, es konnte geschehen, daß sich um den Tisch eine Gesellschaft zusammenfand, die ausschließlich aus Deutschen bestand. Da sprachen wir denn von der Stadt, in der wir uns befanden und die uns durch die Fenster des Speisezimmers freigebig eine ihrer ewig fließenden und wiederkehrenden Landschaften bot, und je länger wir sprachen, um so deutlicher traten die Umrisse unseres eigenen Wesens hervor und gewannen an Deutbarkeit. Es schien uns ganz natürlich, dieser Stadt eine Bedeutung beizulegen, die ihr als Großstadt unter anderen Großstädten vielleicht gar nicht zukommt. Für viele unter uns war sie eine Lebensetappe und hatte uns Menschliches gelehrt. Die Belehrung war freilich in einer Form erfolgt, der nur Paris fähig ist. Unsere schönsten Jahre waren nicht deshalb schön, weil sie sich in Paris abgespielt hatten, sondern diese Stadt war unvergeßlich und aus keinem Leben wegzudenken, weil sie uns mit einer Eindringlichkeit, die nicht wiederkommt, aufgefordert hatte, uns der Schönheit des Lebens bewußt zu werden. Daß es in Wirklichkeit Lebensjahre wie alle anderen waren, Jahre, in denen das Bittere und das Holde, der Schmerz und das Lächeln gleich gegenwärtig waren, daß unsere schönsten Jahre zugleich auch unsere entscheidendsten waren – mit all den Nöten und der Seligkeit, die zu Entscheidungen gehören oder ihnen folgen –, das wurde uns erst später völlig klar.

Über mein Leben hat der Zufall wenig Macht besessen, und so war stets meine Sache, in allem, was mir geschah, einen Sinn zu suchen. So hatte es auch seinen Sinn, daß um den Zeitraum der schönsten Jahre die Stadt Paris als umgebende Landschaft stand. Sie lehrte mich sinnfälliger und vielleicht gründlicher, als sonst eine Stadt dies vermocht hätte, daß es kein höheres Glück gibt als das zwischen Glück und Unglück ausgespannte Leben, daß der Mensch keine höhere Aufgabe zu lösen hat, als das Zusammenleben mit den anderen Menschen möglich zu machen, und daß weder Liebe noch Haß sich mit dem Gefühl des Wohlwollens messen können. Wo der Mensch liebt, da dringt er über seine Möglichkeit hinaus, wo er haßt, bleibt er hinter ihnen zurück, und nur im Gefühl des Wohlwollens erfüllt er sie. Der Geist, der ins Unendliche vorstößt und die menschlichen Denkräume kühn verläßt, trägt nichts zur Gestaltung des täglichen Lebens bei. Mag er auch neue Gesetze finden, so muß er doch wissen, daß die alten noch nicht erfüllt sind. Die schönsten Jahre sind jene, da man spürt, daß man die Kunst des menschlichen Zusammenlebens zu lernen beginnt und daß die Wahrheit nicht töten darf. Ein Tag kommt, da begreift man, daß es größer und schwerer ist, das Nachbarliche zu pflegen als zu den Müttern hinabzusteigen. An diesem Tag beginnen die schönsten Jahre. Sie kommen für jeden Menschen, ob er sie nun nutzt oder nicht, und sie gehen wieder, gehen mit ihrem verzehrenden Glück und ihren brennenden Schmerzen.

Ich habe keinen Tag dieser Jahre ohne das Gefühl des Endes genossen. Auf jeder Stunde lag der Schatten, in jedem Trunk schwamm der Geschmack des Vorbei, in jedem Augenpaar spiegelte sich, ihm selbst oft nicht bewußt, die Dunkelheit, die allem Leben folgt. Ich habe keinen Tag ohne das Gefühl gelebt, es könne der letzte sein, und je schöner er war, um so freier ließ ich dies Gefühl sich entfalten. Je mehr Raum ich dieser Ahnung vom nahen Ende gab, um so schöner war der Tag. Nicht der Tod schickte sich an, dieses Leben zu beenden, sondern eine neue Lebensform bereitete sich unaufhaltsam darauf vor, die alte abzulösen. Das Ende, das ich täglich als Vorgefühl, ja oft nur als einen Duft erlebte, war nicht der Tod, sondern die Veränderung. Vielleicht wäre dieser Duft nicht so stark gewesen, wenn ich dies tägliche Erlebnis der aufkommenden Schatten nicht gerade in Paris gehabt hätte, wo das, was sein Leuchten verlieren, seine Wärme einbüßen und auf seine Schönheit verzichten sollte, noch ganz lebendig, noch leuchtend, noch warm und schön war. Komm wieder, du bittersüßer Duft der Vergänglichkeit, komm wieder, holdes Bild, das über meine Schulter mit mir in den Spiegel schaut, mit sterbendem Lächeln fragt: »Gefalle ich dir?« und verlischt, verlischt. Kommt wieder mit der herzzerreißenden Gewißheit, daß unsere schönsten Jahre auch die letzten sind, kehrt noch einmal ein in eine Welt, in der nichts mehr duftet und lächelt.

Der Deutsche ist im Guten wie im Bösen des Äußersten fähig. Maß und Harmonie sind seine Sache nicht, und so hat er denn von jeher die Versöhnlichkeit und Humanität der Stadt Paris stärker erfahren als irgend ein anderes Volk. Wir saßen um den Tisch und jeder von uns hatte einmal, sei es auch nur für die Dauer eines Flügelschlages, empfunden, was eine Stadt über das Leben eines Menschen vermag, und als wir uns im Auf und Ab des Tischgesprächs anvertrauten, jeder auf seine Art, wie unsere erste Begegnung mit Paris gewesen war, da war es, als ob jeder von uns ein wenig von dem Geheimnis lüfte, das aus jeder Lebensveränderung einen Anfang macht.

»Ich kam im Sommer 1912 zum erstenmal nach Paris«, begann ich selbst, »es gab schon viele Autodroschken, aber die großen Boulevards waren in ihrem Gewirr von jungem Grün, von gestreiften Marquisen, geputzten Frauenhüten und blonden Plantanen dem berühmten Bilde Renoirs noch sehr ähnlich. Ich kann mit gleichaltrigen Freunden am Ostbahnhof an. Wir wollten zur Rue Boulard, einem winzigen Sträßchen an der Porte d'Orleans, und fragten die Taxichauffeure danach. Drei oder vier von ihnen berieten unter sich über diese Frage, und die Gelassenheit und Würde, mit der sie uns Auskunft erteilten, ist mir unvergeßlich. Man sah gleich, die Stadt hatte keine Macht über sie, sondern war um des Menschen willen da. Sie waren, mit einem Wort, Urbilder der menschlichen Souveränität, diese schweren Männer in ihren langen Arbeitskitteln, die sie über dem Anzug trugen. Sie machten auch keinen Versuch, uns zur Benutzung eines Wagens zu bewegen, und so nahmen wir denn die Untergrundbahn, deren süßlicher Mentholgeruch mein Gedächtnis nie wieder verlassen hat und mich auch heute noch an den ersten Tag in Paris erinnert. Die Rue Boulard war damals noch ganz ländlich, mit kleinen Pavillons, in denen Maler ihre Wohnungen und Ateliers hatten. Wir kauften eine Tüte pommes frites, eine Handvoll Oliven, dazu eine Flasche Chablis. Das war unsere erste Mahlzeit in Paris.«

»Sehr klar ist meine Erinnerung an jene ersten Tage nicht mehr. Aber einzelne Bilder haben sich frisch erhalten und sind auch durch die spätere Wiederholung nicht verwischt worden, so der Springbrunnen auf dem Platz vor dem Eingang zum Luxembourg-Garten. Ich ahnte damals nicht, daß ich ihn später lange Jahre hindurch gewissermaßen vor der Haustür haben würde. Auch die Avenue du Bois de Boulogne – heute Avenue Foch – ist mir unvergeßlich, weil sie in das Grün des Waldes und die Hügel von Suresnes wie in ein wolkengekröntes Paradies hineinlief. Blumengeschmückte Landauer mit lachenden Frauen fuhren die Avenue entlang, der Fahrweg war dicht gesäumt von Menschen, die dem Corso zujubelten. Ein Mann neben mir, der einen spiegelblanken Zylinderhut trug, warf einen großen Veilschenstrauß in einen vorüberfahrenden Wagen. Es war ein silberbeschlagener Wagen, die Pferde trugen Blumen am Kopfzeug, eine blonde Frau in weißem Spitzenkleid fing den Veilchenstrauß auf und lachte den Spender an. Der Blick, den die beiden Menschen miteinander tauschten, ist mir noch heute gegenwärtig. Es war ein langer Blick, ohne Unsicherheit oder Flüchtigkeit, gleichsam ein reifer Blick, voll Mitwisserschaft und geladen mit einem offenen Geheimnis, das alle Menschen um mich zu verstehen schienen, nur ich nicht. Ein unbekannter Schauder überlief mich und es erschien mir ganz hoffnungslos, jemals in den Lebensbereich eintreten zu können, in dem sich dieser Blickwechsel abspielte. Wohin ich auch ging in diesen Tagen, alles erschien mir beunruhigend und doch festlich, und dieses Gefühl von etwas Festlichem verließ mich nicht während der kurzen Tage. Das Laub, so kam es mir vor, war hier dichter als anderswo. Die Brunnen sprangen üppiger und immer schien ein Festzug unterwegs zu sein, es waren aber nur die alltäglichen Menschen, deren ausdrucksvolle Lebendigkeit die sommerlichen Boulevards überschwemmte. Als wir zurückreisten, hatten wir nachts einige Stunden Aufenthalt in Straßburg. Wir setzten uns in der warmen und stillen Dunkelheit auf die Stufen des Münsters, dessen schwere Schatten uns einhüllten. Ich war sehr müde und genoß die Kühle, die aus dem uralten Sandstein drang. Halbschlafend blickte ich zu den steinernen Figuren hinauf, aber immer flog durch mein Träumen der Veilchenstrauß, und da fliegt er immer noch.«

RICHARD SEEWALD, Maler und Dichter, wurde 1889 in Arnswalde/Neumark geboren, verlebte seine Jugend in Stettin und Stralsund, ging dann nach München, wo er sich als Autodidakt der Malerei verschrieb, war sieben Jahre an den Kölner Werkschulen tätig und ließ sich 1931 in dem Dörfchen Ronco, oberhalb des Lago Maggiore, nieder. Hier schuf er seine Bilder und Zeichnungen und seine Bücher (Seewald Bilderbibel, Griechisches Inselbuch, Ostern auf Poros u. a.), hier fand er die »Landschaft seines Herzens«, die er in dem Buch »Gestehe, daß ich glücklich bin« auf einmalige Weise — »mit sieben mal sieben Zeichnungen vom Verfasser« versehen — zu schildern weiß. Diesem Buch ist der nachstehende Abschnitt entnommen.

RICHARD SEEWALD

Mein Atelier

Das menschliche Leben fließt dahin, pflegen wir zu sagen. Und wie ein Fluß auf seinem Wege längs seinem Ufer so manches ablagert von dem, was in ihm lebt, was er mit sich riß oder was auch nur zufällig hineinfiel oder geworfen wurde, also Kiesel, Muscheln, Treibholz, Konservenbüchsen, tote Katzen und manchmal eine Wasserleiche, so auch baut das menschliche Leben um sich eine Ablagerung von »Sachen« auf, die ihm eigentümlich sind, zu ihm gehören oder gehört haben.

Auch wem es bestimmt ist, sein ganzes Leben in möblierten Zimmer zu verbringen, und er so bei jedem Umzug immer wieder einen Teil dieser Ablagerungen zurückläßt, sie bilden sich immer neu um ihn und sagen von ihm aus.

Daher befällt uns so oft die Verlockung, nachts in fremden Städten oder Straßen in ein erleuchtetes menschenleeres Zimmer zu sehen und sich den Bewohner vorzustellen. In dieser Neugier steckt angewandte Psychologie oder eigentlich Physiognomik. Und wenn ich nun hier die Beschreibung meines Ateliers versuche, als auch eines Stückes Tessin, das mein »Glück« ausmacht, so hoffe ich, während ich – wie gesagt – der Selbstbetrachtung obliege, gleichzeitig die Neugier einiger Mitmenschen zu befriedigen, nicht weil ich annehme, sie müssen sich besonders für mich interessieren, sondern weil sie vielleicht auch zu denen gehören, die – wie wir – gern andern Menschen in die Fenster sehen.

In Natura ist das bei meinem Atelier schwierig, da es, ein Stück höher als das Haus, am Berghang so auf einer Terrasse liegt, daß das eine Fenster auf den tief unten liegenden See geht, das andere auf Bäume, die das eingeschnittene Bachbett in gehöriger Entfernung hält. Außerdem ist es unten mit Pauspapier verklebt, denn es ist das Nordfenster, und ich brauche nur sein oberes Licht zum Malen. Durch das andere scheint am Morgen die große Sonne des Südens und ihr Widerschein, heraufgeworfen vom Spiegel des Sees.

Über den Eingang, unter dem Vordach von Glyzinien und Rosen, habe ich geschrieben: »*Transalpina solitudo mea jucundissima*«, welche schönen Worte nicht von mir sind, sondern von Petrarca, der sie seinem Vaucluse widmete auf der französischen Seite der Alpen.

So hab ich nebenbei erzählt, daß sich in drei von meinen Atelierwänden Öffnungen befinden und kann gleich noch sagen, daß auch die vierte eine hat, eine kaum sichtbare in der Wand aus Holz, die eine Kammer abtrennt, und die mir als Arbeitswand dient, wenn es gilt, größere Kartons zu zeichnen. In das Holz dringen die Reißstifte leichter ein.

Die Proportionen des Raums hab ich nicht selber gewählt, sondern die Mauern aufgeführt auf dem Fundament eines Stalls, der hier ehemals stand und mit den gleichen Bruchsteinen. Der Fußboden besteht aus roten Fliesen, die einen schönen Gegensatz zu den weißgetünchten Wänden bilden. Im Winter sind sie nicht ganz sichtbar, denn dann leg ich ein paar alte Teppiche und Läufer darüber gegen die Kälte.

Man friert im Süden nämlich leichter als der Nordländer denkt. Wärme und Kälte sind ja relative Begriffe, und der Tessin kennt in bösen Wintern auch scharfen Frost. So habe ich sogar zwei Feuerstellen im Raum, einen großen Kamin und daneben noch einen kleineren Kachelofen aus der Empirezeit. Beiden kommt außerdem die Bedeutung von Denkmälern zu. Diesem schon allein durch die Form, jenem durch die mancherlei Dinge, die auf seinem Mantel sich angesammelt haben. Denkmäler sprechen.

Den Ofen erwarb ich zum Abschied aus einem Bauernhaus in der Nähe von Passau, das in zwei längst vergangenen Kriegsjahren mich jeweils vom Frühling bis Herbst gastlich beherbergte. Da brannten an kalten Apriltagen polternd und bullernd Buchen- und Tannenscheiter in seinem Bauch, heute Holz von meinen Eichen und Kastanien. Ein Denkmal aber nenne ich ihn, weil er wie ein solches sich auf einem gemauerten Sockel erhebt, im zweiten Stock sozusagen eine Säulenhalle hat und oben mit einer antikischen Vase oder Urne als Krönung abschließt und – weil er mir die Geschichte dieser bukolischen Monate zurückruft: den Mai, in dem nachts im Stall die rote Kuh Zwillingskälbchen gebar, den Juni und Juli, wann der rostrote Weizen mannshoch wuchs und dann rauschend unter der Sense dahinsank, August und September mit ihren rotbäckigen Äpfeln, den bunten Oktober, der schon den schrillen Schrei der ersten heimlich in der Scheune schwarz geschlachteten Wintersau hörte. Denkmäler reden.

Den Kamin stecke ich mehr zum Vergnügen an, um Kastanien an ihm zu rösten oder in die Flammen zu sehen. In seine große Öffnung ist ein Franklin eingebaut; das ist ein kleiner Kamin im großen, eine Erfindung, die man Benjamin Franklin zuschreibt nach dem Gesetz, daß dem, der hat, immer noch mehr gegeben wird, und die man sehr häufig im Tessin sieht, als Korrektur der rauchenden Kamine. Das Kaminbauen nämlich ist eine Kunst, und sie wird nur von wenigen (und immer weniger werdenden) beherrscht. Das macht der Fortschritt. Als ich meinen Maurer schalt, daß der neue Kamin rauche, antwortete er mir lakonisch, seiner rauche auch. So hab ich nun einen Franklin, und es ist ein sehr hübscher Franklin, eine kleine Ehrenpforte des Feuers, innen tintenschwarz verrußt, und nur unten hält die Flamme ein Stück der Mauer hell und sauber. »Garniert« ist er mit einer eisernen Pfanne zum Kastanien braten, einem ungeheuren Holzlöffel, mit dem einst korsische Hirten Milch abrahmten, und der mir nun dient, um die Kastanien aus der heißen Pfanne zu schöpfen, und einer Messingzange aus Stambul, mit der ich – nach ihrer Bestimmung – wohl eine glühende Holzkohle aus dem Feuer fische, um meine Pfeife anzuzünden, auch wenn sie kein Tschibuk ist.

Die Mitte des schmalen Simses, der sich unter dem Kaminmantel hinzieht, nimmt zwischen stählernen Dreizacken – zwar nur simplen Fischspeeren, die ich im Hafen von Genua kaufte, aber hier gleich Zeichen Poseidons aufragend – das zierliche Modell einer Schonerbrigg ein, die in einem Sommer ein junger Malerfreund mir schnitzte, wenn wir vom Segeln kamen, und als Hintergrund für das Schiff heftete ich eine selbstgezeichnete Karte meines kleinen Besitztums an, die durch die mannigfach verwandten Farben aussieht, als ob sie zum mindesten das Königreich beider Sizilien darstelle. Auf jeden Fall hab ich dies Reich dem Schutz eines kleinen Kreuzes anvertraut, das ich aus Jerusalem mitbrachte, und dahinter steckt das trockene Olivenzweiglein vom letzten Palmsonntag.

Das Schiff segelt vor einem Band von Kacheln, Erinnerung an die Kreuzfahrt der »Gans« durch Hollands Wasserstraßen, gewissermaßen vom Abendland ins Land der Barbaren, denn auf der einen Seite seht ihr antike Tonfigürchen, bescheidene Weih- und Grabbeigaben: Hahn, Reiter, Hand, Fuß, Roß, Götter und Scherben von Vasen (auch eine Reihe von Münzen), Dinge also, nicht kostbar durch Geldeswert, doch mir teuer, weil selbst noch in ihren handwerklichen Formen etwas von der Größe klassischer Kunst lebt und lieb mir auch durch den Ursprung: die schenkte ein römischer Freund mir, diese ein Kölner, diese kommen aus England und jene las ich selber in Griechenland auf – auf der anderen Seite aber herrschen (viel weniger geliebt) die Barbaren: peruanische Tiergefäße, eine Maske vom Kongo, ein kleiner Götze aus Kamerun.

Darf ich nicht also auch den Kamin ein Denkmal nennen? – Vom »ungeordneten« Feuer hinaufblickend zu diesen »geordneten« Dingen, erzählen sie mir von den im Weltmeer schwimmenden Kontinenten, die, durch die windbeflügelten Schiffe zwar verbunden, doch ewig getrennt bleiben durch die Art, die Sitte und Kunst ihrer Bewohner, so daß wir diesen liebend Heimat, jene aber Fremde nennen – das Land der Barbaren.

Das Nordfenster, Ofen und Kamin nehmen die Wand ein, die der Tür gegenüberliegt. Gerade ist noch Raum für einen Stapel Brennholz, dicke Kloben, die an ihren Schnittflächen bald rosig, bald silbergrau oder gelblich aussehen, je nach der Sorte des Holzes. Dann schließt sich im rechten Winkel die Bretterwand an.

Sie ist bis zur Kammertür kahl, da sie, wie gesagt, die Arbeitswand ist, nur heute hängen einige neue gemalte Leinwände darauf, und darunter steht eine schmale Chaiselongue, die aber nur dem Pudel als Ruhebett dient und Zeichnungen und Büchern zum Stapelplatz. Über der Tür ist eine alte kolorierte Karte von Cypern und Inseln des Archipelagus mit Reißnägeln angeheftet. Darauf steuert eine Galeere, deren Ruder die Erinnerung rührt und deren Segel nimmerruhende Wunschwinde schwellen, die geliebten Küsten an. Den Rest der Wand nimmt ein Bord ein, das unten in Fächern Zeichnungen, Aquarelle und Stiche bewahrt und obendrauf Haufen von Mappen, Zeitschriften, Büchern und Rollen. Darüber hängen in drei Reihen meine siebenunddreißig Pfeifen.

Jede Reihe ist die Strophe eines Preisgedichts, bestehend zwar aus sehr ungleichen Versfüßen, aber lauter wohlgeformten. Welch Reichtum an runden Köpfen und dünnen Rohren, welche Phantasie in der Kombination von beiden! Man könnte sie auch wohl Noten nennen, Noten zu einem Flötenkonzert, verfaßt zu Ehren der Pfeifen, diesen kleinen häuslichen Herden, die man in der Tasche trägt und die einen überall da, wo man sie entzündet, heimisch machen. Was ist eine Zigarette dagegen, ein Papierröllchen?! Gut für junge Leute, für Dandys und Damen, vielleicht auch für »subtile« Geister, ein Symbol des Flüchtigen. Und eine Zigarre? – Ein gutes Ding nach einem guten Diner zu Café und Cognac, etwas für reiche Leute, für die Satten. Aber die Pfeife, die wärmt nicht nur die Nase, auch das Herz. Wie schön umschließt die Hand den rundlichen Holzkopf, wie fest beißen die Zähne auf das Rohr; ein Ding, bei dem man träumen kann – und arbeiten, da sie auch schmeckt, wenn sie schon lange kalt ist. Und wie beschäftigt sie den müßigen Mann, seine Hände, wenn der Geist sich schon anschickt, Gedanken zu formen.

Da wird der Tabakbeutel aus der Tasche geholt und bedächtig entfaltet, da wählt die Hand die Größe der Prise, stopft sie verständig in den Pfeifenkopf (unten locker, doch oben mit kräftigem Daumendruck), dann wird das Zündholz entflammt und mit Sorgfalt darüber geführt, damit ja die ganze Fläche in Brand gerät. Es erhebt sich in der Hitze das goldbraune Kraut, glüht auf, und behaglich paffend stößt der Mund die ersten blauen Dampfwölkchen aus, rhythmisch wie eine kleine altmodische Dampfmaschine. Dieweil sind die Augen schon über die angefangene Leinwand von gestern geeilt, prüfend, wägend, die Verbindung wieder herstellend, oder über die letzten Zeilen des Manuskripts. – Welch Mitleid ergreift mich mit dem Mann, der ohne Pfeife an die Arbeit gehen muß! Schiller konnte sie, so lernt ich, durch faule Äpfel ersetzen, doch der große Johann Sebastian Bach komponierte zu ihrem Ruhme ein Liedchen.

Doch genug vom Lobe der Pfeifen, denn drehe ich ihnen nun den Rücken und blicke – an der anschließenden Wand ist nichts zu sehen als Reihen von Bildern, alle mit dem Gesicht der Wand zugedreht – über den ganzen Raum weg zum Morgenfenster, dann wird ihre zierliche Flötenweise gleich übertönt von breit hinströmenden Gesang, vom Orgelkonzert meiner bauchigen Töpfe, die dort auf dem Fensterbrett vom einfallenden Lichte geliebkost werden.

Alle haben verschiedene Formen und sind von sehr verschiedener Herkunft, doch allen ist gemeinsam, daß sie rund und aus Ton sind und Erzeugnisse bescheidener Töpferkunst. Keinerlei Kunstwert ist ihnen eigen, jeden Tag kann man sie kaufen auf ihren heimatlichen Märkten für ein paar Rappen: in Venedig auf der Rialtobrücke, am Hafen von Ajaccio, im Bazar von Jerusalem, in den Souks von Tunis, beim Töpfer auf Aigina und auf der Dult in München, und sind mir doch kleine Symbole des Menschen, aus Erde gemacht, wie er, zerbrechlich, hohl (damit Fülle in ihm wohne), im Feuer gehärtet.

Ich kann mich nie satt sehen an dieser friedlichen Herde. Statt der Hand liebkost sie jetzt mein Blick, bald verweilend auf den weichen Rundungen, bald nachzeichnend ihren Kontur. Sie sind wie gute, schweigsame Freunde.

Die Redenden – Zuredenden – nehmen den Rest der Wand ein neben dem Fenster, und ich habe sie deshalb gerad gegenüber, da ich am Tisch sitze, der unter dem

Nordfenster steht, doch den Blick nach Osten gerichtet, damit das Licht zum Zeichnen recht von links her einfalle. Es sind keine Bücher, die in diesem Raume nur Gastrecht haben – lang ausgedehntes zwar, und überall sammeln sie sich in Haufen – sondern Bilder. Dort hängt mein »Museum«, kaum zwanzig Photographien, die mir im Laufe von dreißig Malerjahren zum Schluß als die liebsten erschienen. Ich nenne sie auch »die Ahnen«. Griechen sind es, Lateiner und Deutsche. Das Relief der trauernden Athene ist darunter von der Akropolis, Signorellis »Adoration des Pan« aus Berlin, Piero della Francescas schwermütiger »Traum des Konstantin«, Brueghels »Sturz des Ikarus« und eine »Betrachtende« an einem Meer voll Schiffen von C. D. Friedrich, ganz rechts »Die drei Glücklichen« des Zöllners Rousseau. Zwischen sie hat sich ein Bildnis verirrt (ich riß es aus einem Prospekt), der Bauernschädel Don Boscos.

Den Tisch, an dem ich sitze, ordnungsgemäß zu beschreiben, gebe ich auf, denn da herrscht keinerlei Ordnung. Nur einer wild zerklüfteten Landschaft ließe er sich vergleichen: zwischen Bergen und Hügeln von Briefen, Manuskripten, Notizen, Papieren, liegen Scheiterhaufen von Bleistiften, Pinseln, Federhaltern, Messern, Tabakpfeifen, Schabeisen, Sticheln, wachsen Wälder meist leerer Tuschfläschchen, Dornendickichte von Reißnägeln, ragt der Aschenkegel eines überfüllten Aschenbechers und bestäubt mit seinem grauen Schnee einen Steinbruch längst unbrauchbar gewordener Radiergummi. Kaum bleibt mir eine bescheidene Ebene, um dies Papier darauf zu legen zum Schreiben.

In der Mitte des Raumes, doch näher zum nördlichen

Fenster, erhebt sich die Staffelei neben einem Maltisch, beladen mit Tuben und Fläschchen, mit Schachteln, Büchsen und Tüten, mit der Palette und einem Ingwertopf, in dem, gleich Pfeilen im Köcher, Pinsel stecken.

Vergebens suchen zwei goldene Rokokosessel Glanz und Wohlstand um sich zu verbreiten. Unter einem sehe ich die Petroleumkanne stehen, unter dem anderen haben sich meine alten, pelzgefütterten Hausschuhe (Marke Eskimo) angesiedelt.

Da habt ihr den Raum. Wenn ihr gute Physiognomiker seid, müßt ihr jetzt den Bewohner unschwer klassifizieren können, zum wenigsten als einen, der die Hierarchie der Werte liebt und die Werke der Menschen, die Form geworden sind, seien es Töpfe oder Statuen.

Hieraus, müßt ihr wissen, erwächst ihm die zweite legitime Wurzel seiner Liebe zum Tessin – und seines »Glücks« in ihm.

Wenn ich nämlich gesagt habe, daß ich nicht in Ländern leben kann, die keine Spuren der Zeit tragen, seien es Urwälder oder Steppen oder wüste Gipfel des Hochgebirges, so kann ich jetzt präzisieren, daß es erst die Spur des Menschen ist, die mir ein Land bewohnenswert macht, seiner Hände und seines Geistes Werke Spur, die er als Meilensteine am Rande der Zeit zurückließ und sie erst dadurch meßbar machte.

LUIS TRENKER — wer kennt ihn nicht aus seinen Filmen »Kampf ums Matterhorn«, »Berge in Flammen«, »Der Rebell«, »Der Kaiser von Kalifornien«, »Der Feuerteufel«, um nur einige in Erinnerung zu rufen; wer kennt ihn nicht aus seinen Bergbüchern und Romanen, und wie viele sahen ihn als Fünfundsiebziger strahlend und vital auf dem Fernsehschirm, wie er von seiner Jugend aus seinem Erinnerungsbuch »Alles gut gegangen« erzählt. Trenker, 1892 im Grödnertal/Südtirol geboren, ist wie Peter Rosegger inmitten der Bergwelt aufgewachsen, war wie dieser auch zuerst Hüterjunge und wuchs wie dieser zum großartigen Volkserzähler empor. So entbehrt es nicht des Reizes, daß der kleine Luis dem alten Peter Rosegger einmal begegnet ist. Hierüber und über andere Ereignisse seiner »bittersüßen Jugendtage« berichten die nachstehenden drei Kapitel, die seinem Buch »Alles gut gegangen« entnommen sind.

LUIS TRENKER

Der freundliche Schutzengel

Daheim hatten die Tage im Sommer und im Winter ihre rechte Ordnung. Die Mutter war immer da, frühmorgens beim Anziehen, mittags beim Essen, abends beim Schlafengehen, immer war die Mutter da, immer sorgte sie sich um uns. Was wäre eine Welt ohne Mutter; das wäre wohl wie ein Himmel ohne Sonne, eine Welt ohne Licht und Wärme – gar nicht auszudenken! Ich nahm alle ihre guten Worte, alle Güte und Sorge so selbstverständlich hin, als müßte es eben so sein und nicht anders. Blauschwarzes Haar säumte ihre rundlichen Wangen, und aus ihren dunklen Augen strahlte eine Wärme, die mir immer unendlich wohl tat. Ihre Stimme erkannte ich unter allen anderen Stimmen, und es gab keine Stimme in der Welt, die ich lieber gehört hätte. Streitbare Gemüter beruhigte sie, für jeden Hilfsbedürftigen fand sie ein gutes Wort oder hatte sie eine kleine Gabe. Dabei hatte sie später für sechs Kinder zu sorgen, die kleiner waren als ich, fünf Schwestern und einen ganz kleinen weißblonden Bruder; ein halbes Dutzend: das war für eine Mutter mehr als genug.

Gleich den meisten Familien des Grödnertales war auch meine Mutter ladinischer Herkunft. Zeitlebens hat sie die klangvolle ladinische Sprache, die dem Altfranzösischen mehr als dem Italienischen verwandt ist, als ihre eigentliche Umgangssprache gebraucht, und ich selbst spreche sie noch heute gern. Diese eigentümliche Sprache birgt für mich den ganzen Zauber meiner Heimat in sich.

Mein Vater war als junger Mensch aus seinem Heimatdorf in Nordtirol nach Sankt Ulrich gezogen, um an der Schule meines Großvaters die Kunst der Vergolderei zu erlernen. Das endete damit, daß er die Tochter seines Lehrers heiratete und unter den Grödnern ansässig wurde.

Mein Vater, blond, blauäugig, hager, war streng und rechtschaffen, von unerschütterlicher Gesundheit und Lebenskraft (als ältester Bewohner des Grödnertales ist er neunzigjährig, ohne eigentlich krank zu sein, eingeschlafen). Wie fast alle Oberinntaler Bauern war er sehr ernst und verschlossen. Gegen die ladinische Eigenart in Sprache, Sitte und Brauch war er voreingenommen, und meine Mutter hatte genug zu tun, um die Gegensätze zwischen ihm und seiner Wahlheimat auszugleichen. Meine Vater hat nie ladinisch gelernt und gesprochen, obwohl er diese Sprache gut verstand.

Nur einmal, es war gerade nobler Besuch bei uns, da

sagte er auf ladinisch kurz »Schnuzzete« zu mir. Er wollte wohl in Gegenwart fremder Besucher in deutscher Sprache nicht sagen: »Schneuz dich«. Es hat mir damals, als dem kleinen, rotzigen Buben, großen Eindruck gemacht, daß mein Vater den ladinischen Ausdruck dafür gebrauchte.

Als Kirchenmaler also war der Vater in dieses Tal gekommen. Nun arbeitete er in seiner Werkstätte, schnitzte oder malte an den Heiligenfiguren. Es war da immer gemütlich, weil wir uns halt daheim fühlten, besonders im Winter. Vaters Schnitzstube duftete nach Zirbenholz, Wald und Harz, die Ölfarben nach Terpentin. Die holzgeschnitzten Madonnen und freundlichen Engel blickten liebevoll auf ihre Nachbarn, den heiligen Josef, den pfeildurchbohrten Sebastian oder den gesteinigten Stephan, hin. Manche lehnten zum Trocknen am wärmenden Kachelofen, andere standen halbfertig auf der Schnitzbank, und wieder andere warteten versandbereit in der kleinen Holzhütte, die als Verpackungsraum diente. So lernte ich schon in frühesten Jahren unsere Heiligen als freundliche Vorbilder kennen und lieben: die Apostel Petrus und Paulus, den heiligen Franziskus von Assisi etwa oder den wundertätigen Antonius von Padua. Den stolzen Ritter Florian, der die Feuer brennender Häuser mit einem kleinen Wasserschaff löschte, hatte ich ganz besonders in mein Herz geschlossen. Ja, in einem ganzen Himmel voller Heiliger bin ich aufgewachsen, und sie trösteten mich, wenn der Vater, der sie so schön bemalt hatte, mit mir allzu streng war. Für jede Not und jedes Leid meiner Kinderjahre gab es in der Werkstätte meines Vaters einen frommen, allzeit gütigen Helfer. –

Unser ganzes kleines, herrliches Leben spielte sich in der Wohnstube, auf den Wiesen und auf dem von wilden Kastanienbäumen umsäumten Weg ab. Der Kirchgang am Sonntag mit dem Hochamt war für mich etwas ungemein Feierliches. Die Mädchen knieten unter dem Marienaltar, wir Buben unter dem Josefsaltar. Ich versank ganz in stille Betrachtung der Deckengemälde, deren mittleres die Vertreibung von Adam und Eva aus dem Paradies und Bilder aus der Erschaffung der Erde darstellte. Auch mit dem wunderbaren holzgeschnitzten Schutzengel vor mir auf dem Josefsaltar unterhielt ich mich gern; er führte einen kleinen Knaben über einen wilden Bach. Diesen Engel mochte ich besonders gern, zwei gewaltige Flügel umrahmten sein Haupt, an der einen Hand führte er den Knaben, mit der anderen zeigte er zum Himmel hinauf. Dieser Engel wurde mein guter Freund und stiller Begleiter, und ich bat ihn, er möge mich und meine Eltern beschützen, wobei ich schüchtern die Bitte mit einschloß, der Vater sollte weniger streng mit mir sein.

Vor unserem Haus lag die Wiese, weiter drüben führte die lustige Talstraße vorbei; dahinter wieder Wiesen, dann der Bach; und hinter dem Bach, auf der gegenüberliegenden Talseite, stieg dunkel, steil und schattig der Fichtenwald zu den Seiseralmen hinan. Über dem scharfgezackten, auf und ab laufenden Waldrand stand der weite Himmel, und mittendrin, prächtig, ewig, schweigsam und geheimnisvoll der Langkofel, dieser schönste und vornehmste Berg aller Berge. Ohne ihn hätte ich mir die Welt gar nicht vorstellen können, und ehrlich gesagt: Eine Welt ohne Langkofel könnte ich mir auch heute noch nicht denken. –

In jener Bubenzeit war ich manchmal recht verträumt und spielte gern allein.

»So, jetzt geht nur, Kinder. Geht spielen und kommt nicht eher, bevor die Glocken zum Mittag läuten«, sagte die Mutter.

Was gab es da alles zu spielen! Einmal war es Pfeilschießen, ein andermal Räuber und »Schandi«. Einmal, nach einer Kirchenpredigt, stieg ich auf einen Stuhl und predigte dem Volke unter mir lange und eindringlich. Oft mußte uns die Mutter drei- und viermal zum Essen rufen, denn wir hörten meist so lange nichts, bis ein scharfer, gellender Pfiff die Luft durchschnitt. Das war der Vater! Das war Alarm! Da liefen wir aber! Einmal allerdings ging es umgekehrt: Da mußte ich den Vater zum Essen rufen, und da war er es, der die Mutter zu lange warten ließ. Und dabei gab es Tiroler Knödel, das Leibgericht des Vaters.

Als ich in die Werkstatt kam, fand ich den Vater in Gesellschaft eines fremden Besuchers. Dieser saß ihm gegenüber und skizzierte auf einem Zeichenblock das Gesicht des Vaters, der gerade an der Vergoldung einer holzgeschnitzten Muttergottes arbeitete. Noch sehe ich diesen stillen Mann vor mir, etwas blaß und kränklich sah er aus; die Brille vor den Augen gab ihm ein gelehrtes Aussehen. Doch wenn er lächelte, war er wie einer von uns. Ich hielt ihn für einen Maler. Vorsichtig sagte ich:

»Vater, du sollst gleich essen gehen. Die Mutter wartet.«

»Ich komme schon, geh nur wieder hinauf!«

Ich lief die Treppe von der Werkstatt zurück in die Wohnung hinauf. Wir beteten und warteten, doch der Vater kam nicht.

»Jetzt geh hinunter und hol den Vater«, sagte die Mutter.

Tiroler Knödel müssen gegessen werden, wenn sie fertig sind, sonst werden sie hart. Das wußte ich, und hungrig war ich auch. So ließ ich dem Vater keine Ruhe mehr. Ich sagte immer wieder: »Vater, du mußt essen gehen«, und wich so lange nicht von der Stelle, bis der fremde Mann endlich seinen Zeichenblock einpackte und freundlich grüßend ging.

Kaum war der fremde Herr fort, gab mir der Vater eine kleine, wohlgemeinte Ohrfeige. »Weißt du, wer das war?« fragte er. »Peter Rosegger, ein Mann, der Bücher schreibt und davon berühmt geworden ist.«

Mir allerdings waren damals die Knödel wichtiger. Erst viel später begriff ich, wie sehr der Vater über den Besuch des berühmten Schriftstellers erfreut gewesen war. Die Mutter aber meinte, man hätte ihn ruhig zum Essen einladen können. Gewiß hätten ihm unsere Tiroler Knödel so gut geschmeckt wie seine steirischen.

Festliche Geburtstage

Das Schönste, an das ich mich aus meiner frühen Kindheit erinnern kann, waren meine Geburtstage. Da krachten im ganzen Tal schon früh am Morgen die Böller, daß es in vielfachem Echo von den Felswänden widerhallte. Meine Mutter kam freudestrahlend an mein Bett, ermahnte mich, an diesem Tage besonders brav zu sein, und begleitete mich dann, festlich gekleidet, während des feierlichen

Glockengeläutes zur Kirche. Auf dem Platz war bereits die Musikkapelle aufgezogen und schmetterte ihre flotten Märsche, die Kranzeljungfrauen und der Schützenverein waren ausgerückt, die Bauern aus der Umgebung kamen in ihren schönen alten Trachten von ihren Höfen herunter, und der alte General, der sich um diese Zeit des Jahres immer in Sankt Ulrich aufhielt, erschien an meinem Geburtstag jedesmal in seiner kaiserlichen Uniform mit breiten roten Streifen an den blauen Hosen, weißem Waffenrock und einem grün schillernden Federbusch auf dem Zweispitz.

In der Kirche war der Hauptaltar im goldenen Licht vieler Kerzen strahlend erhellt. Der Gesang des Chores, der Klang der Orgel, der Geigen und der Menschenstimmen – ein gewaltiger Zusammenklang, der mich schier berauschte. Der alte Pfarrer Anderlan, der mich getauft hatte, sang mit schöner, ergreifender Stimme das Credo, zur Wandlung fielen dann in die feierliche Stille die dröhnenden Kirchenglocken ein, draußen vor dem Gotteshaus ertönten die Kommandorufe des feschen Schützenhauptmanns Josef Noflaner, und dann krachte die Gewehrsalve in den blauen Herbsthimmel.

Ja, das war jedesmal ein Festtag, mein Geburtstag. Später kam ich dann langsam dahinter, daß alles, die Böllerschüsse, die Musik, das Hochamt, der Schützenaufmarsch und der Federhut des Generals, nicht, wie ich in jenen ersten Kinderjahren gemeint hatte, eigens für mich so schön angeordnet worden war, sondern einem ganz anderen Anlaß galt. Zufällig fiel nämlich der Tag, an dem ich das Licht der Welt erblickt hatte, gerade auf den Namenstag unseres Kaisers Franz Josef. Aber ich war doch mächtig stolz, am Namenstag des Kaisers geboren zu sein. –

Zum Spielen kamen die Buben aus der Nachbarschaft, und das gab Freundschaften, die das ganze Leben lang blieben. Wir halfen aber auch bei der Heuernte mit, beim Holztragen und bei vielem, was es im Hause zu tun gab. Und doch war alles Spiel, alles war sorglos, die Tage waren groß, alles war vom Herrgott und vom Himmel geschenkt. Der Wind trug das Singen der Vögel, das fröhliche Rufen der Bauernknechte, das Klingeln der Pferdepost, das Läuten der Glocken oder die gute Stimme der Mutter daher. Über allem aber stand, schweigsam und erhaben, unser Berg, der Langkofel. Von seiner märchenhaften Welt mußte mir die Mutter vor dem Schlafengehen immer wieder die schöne Geschichte von der gefangenen Königstocher erzählen, die, als Nachtigall verzaubert, am Fuße des Berges der herzlosen Welt singend ihr Leid klagte und schmachtend auf Erlösung durch einen liebenden Prinzen wartete, der dann trotz aller bösen Geister eines Tages den Weg zur Nachtigall fand und die Königstochter aus ihrer Gefangenschaft befreite. Diese Geschichte war immer wieder schön. Wort für Wort kannte ich sie auswendig. Ich könnte sie heute noch genauso erzählen, wie sie die Mutter erzählt hat. Kein einziges Wort dürfte daran geändert werden, genauso wie der Langkofel sich selbst immer gleichgeblieben ist. –

Mein Großvater mütterlicherseits, Ferdinand Demetz, war ein sehr bemerkenswerter Mann. Gleich so vielen Grödnern hatte er ursprünglich das Bildschnitzerhandwerk gewählt; doch statt sich mit dem zufriedenzugeben, was er in der Heimat bei den bäuerlichen Holzschnitzern lernen konnte, war er in die großen Städte gegangen und hatte an der Akademie Bildhauerei studiert – zuerst in Wien und dann in München, wo er mit dem Rompreis ausgezeichnet wurde.

Der Gedanke, es den anderen angehenden Schnitzern im Grödnertal leichter zu machen, als er selbst es gehabt hatte, beschäftigte ihn so leidenschaftlich, daß er es, ganz mittellos und gegen allerlei Widerstände, zuletzt doch fertigbrachte, die Behörden in Wien für seinen Plan zu interessieren und eine kunstgewerbliche Fachschule in Sankt Ulrich ins Leben zu rufen. Diese Schule, von den Einheimischen Academia genannt, führte in der Folgezeit die Grödner Holzschnitzerei zu hoher Blüte und besteht heute noch als staatliches Lehrinstitut. Mein Großvater hat dort während der Jahre, in denen er die Anstalt leitete, mehr als zweihundert Bildschnitzer ausgebildet, unter ihnen manchen Künstler, der es im Ausland zu hohem Ansehen gebracht hatte.

Nebenbei war er aber auch ein begeistertes Mitglied der Musikkapelle von Sankt Ulrich, in der er das Flügelhorn blies. Wenn nun die Schüler aus seinem Zimmer Flügelhornspiel hörten, glaubten sie sich sicher, ließen die Arbeit stehen und trieben allerlei Allotria; denn der Großvater blies täglich vormittags und nachmittags eine gute halbe Stunde. Einmal aber ging, mitten während des Flügelhornkonzertes, plötzlich die Tür der Werkstatt auf, und mein Großvater stand leibhaftig auf der Schwelle. Er hatte in aller Heimlichkeit seiner Frau das Flügelhornblasen beigebracht, einzig zu dem Zweck, die jungen Leute in der

Werkstatt hinters Licht zu führen und zu überrumpeln.

Er trug einen kurzen, energisch geschnittenen Backenbart und hatte für seine zahlreichen Enkel niemals Zeit, ja kaum ein gutes Wort, so sehr nahmen ihn seine Geschäfte in Anspruch. Für mich kam der Großvater gleich nach dem Kaiser; denn außerdem war er auch Bürgermeister. Hin und wieder schlich ich mich in die »Academia«. Ich ging immer, um dem Großvater nicht zu begegnen, so rasch ich konnte zum Schreibzimmer im ersten Stock, in dem die Großmutter arbeitete. An der Tür angelangt, drückte ich leise die Klinke nieder und blieb schließlich wortlos vor ihrem Schreibtisch stehen. Die Großmutter, eine kleine, weißhaarige, sehr wortkarge, aber vornehme Dame im schwarzen, mit Spitzen besetzten Kleid, saß auf einem Hocker und schrieb Geschäftsbriefe.

»Guten Morgen, Kleiner«, sagte sie nach einer Pause, und ich, ebenfalls nach einer Pause, sagte: »Guten Morgen, Großmutter.« Dann nahm sie aus einer bereitliegenden Tüte fünf bis sechs, manchmal aber auch nur zwei bis drei getrocknete Zwetschken heraus und gab sie mir. »Danke schön, Großmutter«, sagte ich, ging und setzte mich auf die Stufen der Freitreppe, wo ich mit viel Genuß die Zwetschken aß. Sowie ich damit fertig war, stapfte ich wieder hinauf in ihr Zimmer: »Guten Morgen, Großmutter«, und wiederholte das Spiel, bis sie endlich sagte: »Für heute ist Schluß. Morgen darfst du wiederkommen.«

Mit seinen drei Söhnen war der Großvater nicht viel netter als mit mir. Alle drei mußten daheim bleiben, um zu arbeiten, obwohl er reichlich Mittel gehabt hätte, sie studieren zu lassen. Der jüngste dieser drei Onkel, der Leo, wurde mein bester Spielkamerad, Berater, Helfer und Erzieher in allen Nöten. Kaum ein Mensch hat mir im Leben soviel bedeutet wie er. Leo war nur acht Jahre älter als ich. War ich vier, so war er zwölf Jahre alt, also für beide das ideale Alter für eine Bubenfreundschaft, bei der ich viel lernen und er, mein »über alles erhabener Onkel«, seinen Spaß mit mir haben konnte.

Er hatte einen roten Haarschopf, und sein Gesicht war voll von lustigen Sommersprossen. Immer hatte er etwas Besonderes an sich, gleichgültig, ob er im Stall bei den Pferden arbeitete, die Kühe hütete, im Sommer mit den Bauernknechten die Almwiesen mähte, in der Werkstatt Bretter hobelte oder die Pferde des Großvaters an den Fuß des Plattkofels zum wohlverdienten Sommerurlaub führte. Genauso gut stellte er später seinen Mann als Volontär zwischen den Ingenieuren und Technikern, die in jener Zeit für den Großvater das erste elektrische Werk im Tale errichteten. Dem Willen des Großvaters gemäß sollte er vor allem, wie seine beiden Brüder, musikalisch erzogen werden. Jeder bekam ein Horn, und der Großvater persönlich unterrichtete sie. Oft, wenn ich bei der Großmutter meine Zwetschken holte, saßen alle drei Brüder nebeneinander auf der Ofenbank und bliesen ihre Hörner. »Noch einmal: C-d-e, eins, zwei, drei ...« Der Großvater dirigierte das klassische Terzett. Die Buben bliesen schrecklich falsch; es klang, als würden Hunde gottjämmerlich jaulen und jammern. Da kam die Großmutter und gebot dem Trio energisch Einhalt.

Zeitweise wurde Leo in den Verpackungsraum befohlen, in dem ein alter braver Tischler seit eh und je Kisten fertigte, in welchen die vergoldeten Heiligen verschickt wurden. Diese Werkstatt kannte ich genau. Wenn es sich irgendwie machen ließ, kam Leo auf einen Sprung heraus und bastelte irgendein Spielzeug mit mir. Einmal war es ein schönes Mühlrad, eine Achse, an die ein klappernder Schmiedehammer angeschlossen war. Vor der Werkstätte stand ein Brunnen. Leo ließ den Wasserstrahl auf die Radschaufeln fallen, die sich nun lustig drehten, während der kleine Hammer sein fröhliches Tik-tak-tik-tak erklingen ließ. Spontan gab ich meiner Freude durch lautes Jubeln Ausdruck – und hatte auch schon eine Ohrfeige sitzen. »Warum gibst du mir denn eine Watschen?« fragte ich erstaunt. »Damit du nicht so schreist! Wenn der Großvater dich hört und uns hier erwischt, gibt es einen Saukrach.«

Diese Erklärung leuchtete mir ein, und ich freute mich daraufhin nur mehr still über mein schönes Mühlrad.

In der Werkstätte bewunderte ich Leo beim Abhobeln der Kistenbretter. Er konnte den Hobel an einem Ende des Brettes ansetzen und bis zum anderen Ende durchziehen, das gab dann einen einzigen langen, schönen Hobelspan, den ich aufheben durfte. Plötzlich hörten wir energische Schritte von der Stiege her. Das war mein Großvater. Zur Tür konnte ich nicht mehr hinaus; dafür war es zu spät. Da packte mich Leo geistesgegenwärtig am Kragen und warf mich kurzerhand in eine der vielen fertigen Kisten. »Bleib ganz still«, sagte er, »wir holen dich gleich wieder heraus.« Dann schloß er rasch die Kiste mit einem Deckel und stapelte mit Hilfe des Tischlers ein paar andere Kisten darüber, als schon die Tür aufging und der Großvater die Werkstatt betrat, mit energischer Stimme da und dort Anordnungen gab, einiges fragte und sich an den Kisten zu schaffen machte. Aber gerade jene Kiste, in der ich zitternd vor Angst saß, interessierte den Großvater nicht, und so ist denn schon damals, wie so oft in meinem Leben, doch »alles gut gegangen«. –

Ich wuchs in meine Hosen, und viel zu früh kam die Zeit, da ich in die Schule gehen mußte. Unsere Volksschule war dreiklassig; das gesamte Lehrpersonal bestand aus einem Lehrer, einem Hilfslehrer und einer Klosterfrau, die Cleofa hieß und außerdem im Altersheim als Pflegerin wirkte. Natürlich hatten wir Buben vor und nach dem Schulunterricht reichlich Gelegenheit, unsere eigenen Händel auszutragen. Dabei kam ich einmal mit dem Schmidtmartel zu raufen. Ich weiß heute nicht mehr, warum wir rauften. Wir mochten uns eben nicht, und das genügte. Das Resultat war nicht gerade erfreulich für mich, denn der Kerl hielt, als wir uns vom Boden erhoben, siegreich ein gutes Bündel meiner schwarzen Haare in der Faust und verstreute die Siegesbeute unter dem Gelächter der Buben auf der Wiese.

Außer Leo hatte ich noch drei besondere Schulkameraden: den Mayerpeppele, den Stainer Wastl und den Spangler Ferdinand. Alle drei waren sie Spielkameraden, Indianer, Räuber und, wie es fiel, auch Leidensgenossen, mit denen gemeinsam ich allerlei anstellte, unter anderem auch eine große Kanone baute, deren denkwürdige Existenz allerdings nur bis zum ersten Probeschuß dauerte. Der Peppele hat nie etwas gekonnt in der Schule, nie etwas gelernt, war stets zerrissen, bekam oder gab stets Prügel, hatte Sommersprossen, treue, wasserblaue Augen und rote Haare, die wie Borsten einer Bürste in die Luft standen. Er war, trotz aller Prügel, der Schrecken seines Hauses. Entweder saß er auf einem Baum und stahl Kirschen oder er fiel herunter und schrie. Er bewarf andere mit Steinen und wurde dann, wobei er laut aufheulte, selber getroffen. Er versoff halb im Bach und fand keinen Anfang und kein Ende in allen seinen herrlichen Taten. Er holte aus dem Bäckerladen Weinbeerlaiblen, weil er zwischen den Eisenstäben am leichtesten durchkam. Wenn etwas aufkam, legte er mich hinein. Wir waren keine Freunde, das wäre zuviel gesagt, aber wir waren Kameraden. Ohne Meyerpepple wären meine ersten beiden Schuljahre nicht denkbar.

Der Spangler Ferdinand wachte erst später mehr und mehr auf. Er hatte großes Talent, alles immer so einzurichten, daß wir bei jeder Szene die Prügel kriegten, er aber als genießender Zuschauer ungeschoren blieb. Hinterher gab er uns dann immer gute Ratschläge, wie wir es hätten machen müssen.

Der Stainer Wastl, der Dritte im Bunde, dünn, schmal, schlangenartig in seinen Bewegungen, war trotz seiner mageren neun Lebensjährchen ein lebenskluger Philosoph. Er war nicht fürs Raufen. Er war sanft und mild. Er entwarf Weltfahrten, Reisen ins Wunderland, baute Bahnen, war romantisch und träumerisch, erzählte von der Ferne, hatte stets Sehnsucht nach irgend etwas und verblutete später als junger Freiwilliger im Dreck und Schlamm des Brückenkopfes von Zalescicki. –

Aber bald belasteten andere Dinge aus der Welt der Großen mein junges Gemüt. Da kamen eines Tages Leute und sprachen aufgeregt miteinander. Ein Unglück war geschehen. Der Bergführer Josef Peskosta erzählte dem Vater, der die Schnitzeisen beiseite gelegt hatte, die Geschichte, und ich erfuhr, daß ein Bergsteiger in der Langkofelgruppe abgestürzt sei. Ein Herr aus England, ein berühmter Kletterer und, wie es hieß, ein Protestant.

Der Vater nahm mich zum Begräbnis mit. Viel fremde Leute waren da. Das Grab des Engländers war von den anderen Gräbern durch ein Eisengitter getrennt. War der Mann nicht auch ein Mensch wie wir alle? Ja, das schon, hieß es, aber eben ein anderer, sagte der Vater. Links und rechts am Grabe wurden zwei Zirbelkiefern eingepflanzt. Das Grab steht heute noch, und die Zirbelkiefern sind unterdessen groß gewachsen und zeigen von weitem in ihrem ernsten Grün die Stelle, wo der berühmte englische Bergsteiger Norman Neruda seit jenem Absturz in der Langkofelgruppe seinen ewigen Schlaf schläft.

Ich war damals kaum sieben Jahre alt und hatte auf diese Weise erfahren, daß die Fünffingerspitze und der Langkofel nicht nur schöne, märchenhafte Berge waren, die im Abendlichte freundlich unser Tal verklärten, sondern daß sie auch Menschen erschlagen konnten.

An einem Herbsttage desselben Jahres geschah noch etwas, von dem ich mir nur eine unklare Vorstellung machen konnte. Während Vater, Mutter und ich am späten Nachmittag von einem Sonntagsspaziergang heimkehrten, begannen plötzlich und völlig unerwartet alle Kirchenglocken zu läuten. Der Gendarmeriewachtmeister, ein wichtiger Mann, kam mit weißen Handschuhen, geschultertem Gewehr, Waffenrock und Federbusch an unser Haus und sprach eindringlich mit dem Vater. An der Tür entfaltete er ein Plakat. Natürlich konnte ich noch nicht lesen. Aber was der Vater sagte, verstand ich: die Kaiserin von Österreich war von einem Anarchisten erstochen worden. Überall im Dorf bildeten sich kleine Menschengruppen. Wie ein Alpdruck lag es auf den Menschen, und meine Mutter weinte um die schöne Kaiserin Elisabeth.

Mansueto, der Gütige

Wiesen, Häuser und Zäune waren tief in runde weiche Schneepolster gebettet, der Atem dampfte, und meine Hände suchten Wärme in den Hosentaschen. Da lief ich gerne hinunter in den Kuhstall zum alten Mansueto. Dort war es warm und wohlig, die Mäuler der Kühe mahlten ihr Heu, Mansueto nickte mir freundlich zu und tat weiter seine Arbeit, ohne sich viel um mich zu kümmern. Ich hockte mich zufrieden in eine Ecke, da war eine kleine Kiste mit allerlei Habseligkeiten, und schaute dem Mansueto beim Füttern der Tiere zu. Stundenlang konnte ich so sitzen, ohne ein Wort zu sagen. Nachher, wenn die Kühe versorgt, die Milch gesammelt oder die kleinen Kälber unter gutem Zureden getränkt worden waren, setzte sich Mansueto zu mir und erzählte von seinen Schützlingen, beschwerte sich über die Blass, lobte die Perla und fragte auch mich um meine Meinung über dies und jenes. Die Stallkatze, die Schafe, die Kühe und die Kälber, alle waren mir gut bekannt; am liebsten mochte ich aber den stillen Mansueto. Er war vielleicht der Geringste unter den Leuten, die bei meinem Großvater im Dienst standen, aber gewiß nicht der Unwichtigste, denn er betreute zehn Kühe und vier Kälber.

Immer hatte der einsilbige Mansueto ein gutes Wort für mich, nie war er unleidig oder in Eile. Zur Marktzeit hatte er auch stets ein kleines Geschenk für mich bereit, einen bleiernen Hahn, der laut krähte, wenn man hinten hineinblies, eine kleine Mundharmonika oder eine Handvoll Nüsse. »Schau, Luis«, pflegte er zu sagen, »das habe ich dir vom Markt gebracht.« War es ein Wunder, daß ich Mansueto viel wärmer in mein Herz geschlossen hatte als den strengen Großvater? Wenn ich eine Freude hatte, lief ich zu Mansueto, wenn mich ein Schmerz bedrückte, trug ich meine Sorgen weinend zu ihm in den dunklen warmen Stall, er wußte immer Rat und hatte immer ein gutes Wort für mich.

Eines Tages war ich in der Holzhütte, um mit dem Beil Holz zu hacken, wie es mein Vater jeden Mittag machte. Da wollte eben meine Schwester Lina mit dem Beil spielen. Ich gab es ihr, aber ein Hölzchen, das ich gerade gespalten hatte und das noch auf dem Hackstock lag, gefiel mir, und ich wollte es nehmen.

»Ich hacke dir den Finger ab, wenn du das Hölzchen nimmst«, sagte meine Schwester. Ich konnte trotzdem der Versuchung nicht widerstehen, langte danach, und das Beil fiel mit dumpfem Schlag nieder, direkt auf meinen Zeigefinger. Blut floß, und das vorderste Gelenk des Fingers hing nur mehr an einem Hautfetzen. Linchen tat, was kleine Mädchen meistens in solchen Fällen tun: sie schrie und lief davon. Ich stand hilflos und weinend vor Schmerz und Schreck da. Zum Vater? Nein, das gab Prügel. Zur

Mutter? Nein, dann erfuhr es der Vater, und es gab auch Prügel.

Da lief ich zu Mansueto in den Stall und hielt ihm die blutende Hand hin. In seiner stillen Art beruhigte er mich, schüttelte besorgt den Kopf, setzt mich auf ein Heubündel, ging an seine kleine Kiste, öffnete sie und begann mich zu behandeln, indem er mit einem Holzstäbchen aus einem Tiegel Baumharz herauskratzte und es um die Wunde schmierte. Das tat furchtbar weh, aber dann band er alles mit einem alten Leinenfetzen zusammen und sagte, nun müsse man den Finger heilen lassen.

Erst abends, als es zu dämmern begann, ging ich heim. Die Mutter war krank, der Vater aß an diesen Tagen allein mit uns Kindern. Links von mir saß meine Schwester Lina; sie zeigte keine Spur von Reue. Ich hielt die rechte Hand unter den Tisch, nahm den Löffel in die Linke und begann zu essen.

»Seit wann hält man denn den Löffel in der linken Hand?« fragte der Vater.

»Weil mir die rechte Hand so weh tut.« – »Was fehlt denn?«

»Weil er nicht nachgegeben hat, platzte nun Lieschen heraus; »ich habe gesagt, er soll den Finger wegtun, aber er hat nicht gefolgt, und nachher hab' ich ihm hineingehackt.«

»So, so, in den Finger gehackt! Eigentlich sollte ich euch beide durchhauen«, murmelte der Vater und ließ mich, ohne sich weiter um die Wunde zu kümmern, mit der linken Hand weiterlöffeln. Später fragte er, den Verband betrachtend, wer mich verbunden hätte. Ich antwortete: »Der

Mansueto«, worauf der Vater nichts mehr sagte und uns schlafen gehen ließ.

Einige Tage später besuchte der Arzt die Mutter. Der Vater bat ihn, nachzusehen, was mit meinem Finger geschehen sei.

Was nun in unserer Küche begann, war wirklich kein Spaß für mich. Der Herr Doktor entblößte zuerst die Wunde, sah, daß der Finger tatsächlich nur mehr an ein paar Fleischfasern hing, sah aber noch etwas viel Schlimmeres, nämlich, daß die Wunde innen und außen mit dickem schwarzbraunem Baumharz verschmiert und verklebt war.

»Ja, ja, ja«, meinte der Doktor, »wer hat denn das gemacht?«

»Der Mansueto«, sagte ich.

»So, so, der Mansueto«, wiederholte er und ließ sich eine Schüssel siedend heißen Wassers geben; »ja, der Mansueto ist ein braver Mensch, er kann vielleicht Viecher kurieren, aber nicht Menschen.«

Dann begann er das ganze Pech abzulösen und abzuschaben. Das tat höllisch weh und dauerte furchtbar lange. Nach einer halben Stunde war er damit fertig und legte mir einen frischen Verband an.

Sofort ging ich damit zu Mansueto und zeigte es ihm.

»Ah, nein, nein«, sagte er kopfschüttelnd und ein bißchen verlegen, »was diese Doktoren alles machen! Ich hatte dich so schön verbunden, aber das gute Pech hat gewiß mitgeholfen.« Und tatsächlich, nach Monaten war die Wunde geheilt, der Finger gerettet.

Im Dorf hatten wir unsere Verstecke, unseren kleinen

Kletterfels in der Wiese, unseren Bach, den Kirchturm. Wir kannten die Bauernhöfe der Nachbarschaft und die Baustellen des Maurermeisters. Aber bald wurde diese Welt größer. Kam da der Stainer Wastl und fragte bei der Mutter, ob ich mit ihm nach dem drei Wegstunden entfernten Berghof Layen gehen dürfe. Die Mutter erlaubte es und versah mich vor dem Weggehen mit dem Zeichen des heiligen Kreuzes.

Layen liegt auf einem sonnigen Berghügel oberhalb des Städtchens Klausen im Eisacktal. Fröhlich zogen wir zwei die Talstraße entlang, hinaus in die große Welt. Der Stainer Wastl, ganze drei Jahre älter als ich, konnte gut erzählen. Rechts des Weges floß ein munteres Forellenbächlein, links stand der Wald, fremd und unheimlich. Auf den Wiesen sproßten die ersten Frühlingsblumen zwischen den Gräsern. Der Himmel strahlte im schönsten Blau, und die Berge und die von den Hängen grüßenden Bauernhöfe schienen alle wie frisch gewaschen. Wenn der Stainer Wastl zu erzählen aufhörte, war nur mehr das Singen der Vögel und das Rauschen des Baches zu hören, das mir so wohl tat, weil es von unserem Haus und von meiner Dachkammer aus auch immer zu hören war und ganz verschiedene Stimmen hatte, je nachdem, ob es Winter oder Sommer, Frühling oder Herbst, Tag oder Nacht war.

Wir mochten etwa eine Stunde unterwegs gewesen sein, als wir eine Art Felsenklause passierten, vor der sich das Tal in einer lichten, breiten Wiese hinbreitete. Nach dem Verlassen jener Felsklause blieb der Wastl plötzlich stehen und zeigte, sich nach rückwärts drehend, zu einem fröhlich aus der porphyrnen Felswand winkenden Mädchen in der heimatlichen Grödnertracht hinauf und sagte: »Da schau hinauf!« Über dem in lebhaften Farben gemalten Bilde stand im Bogen: »Willkommen in St. Ulrich«. Und darunter klein: »Gemeindegrenze«.

»Siehst du«, rief der Stainer Wastl und wurde ganz feierlich, »siehst du, jetzt haben wir die Grenze überschritten, jetzt sind wir fort.« Ich verstand ihn nicht recht und fragte: »Wie fort?«

»Na, fort halt, fort von daheim, eben weg, fort, in der Fremde! In der Welt! Draußen! Verstehst du das nicht?«

Doch, ich begann zu begreifen, was der Wastl mit seiner Rede sagen wollte.

»Aha«, meinte ich und ließ mir alles noch einmal durch den Kopf gehen. Wir waren nun »draußen« in der Welt, nicht mehr im umgrenzten Heimatdorf; ja, das ging mir schon ein, und während der Wastl noch weiterhin den bedeutungsvollen Augenblick festzuhalten versuchte, weitete sich meine Brust in einem Gefühl von Freude und Angst zugleich. Die Erkenntnis, daß wir zwei, der Wastl und ich, auf eigenen Beinen in der großen, weiten Welt standen, machte mich ganz neu und erwachsen.

Damals ahnte ich nicht, wie oft und oft ich jene Grenze zwischen dem stillen Heimatdorf und der Welt würde passieren müssen. Und heute noch suche ich, wenn ich heimfahre, an jener Felskulisse den Willkommensgruß des fröhlich winkenden Mädchens in der Grödnertracht, aber leider umsonst, denn der Felsblock ist dem Straßenbau zum Opfer gefallen, und niemand hat mehr ein neues, winkendes Mädchen an die Felswand gemalt.

RICHARD KATZ, Weltenbummler, Reiseschriftsteller, Gartenfreund und Hundeliebhaber, wurde 1888 in Prag geboren, studierte Jura, wurde Journalist und ging dann 1927 auf seine erste große Weltreise, die er in seinem Buch »Bummel durch die Welt« schilderte. Viele weitere Reisebücher — »Funkelnder Ferner Osten«, »Mein Inselbuch«, »Auf dem Amazonas« u. a. — folgten, die in fast alle Sprachen übersetzt vielen Hunderttausenden von Lesern die große Welt nahebrachten. Zum 70. Geburtstag gab Richard Katz seine heiter-ernsten weltweiten und von Lebensweisheit erfüllten Erinnerungen unter dem Titel »Gruß aus der Hängematte« heraus, denen das nachstehende Anfangskapitel entnommen wurde.

RICHARD KATZ

Meine liebe Hängematte

Sachte schwingt die Hängematte ...

Schließe ich die Augen, schwingt sie mich in meine Heimat zurück: *Brasilien,* wo sie mich viele Nächte in den Schlaf gewiegt hat, die Sterne über mir, den warmen Dunst Amazoniens um mich ...

Doch öffne ich die Augen, sehe ich unter mir breit und blau den Lago Maggiore. Denn nun schaukelt meine Hängematte in meiner anderen Heimat: im Berggarten über *Locarno.* Hierher bin ich zurückgekehrt.

Ich weiß, das klingt verwirrend; ein ordentlicher Mensch hat nur *eine* Heimat. Doch die Zeitläufe sind so unordentlich, daß sie selbst ordentlichen Leuten mehrere Heimaten aufnötigen. Ich hörte, daß ein Stuttgarter Bauingenieur – kann man einen ordentlicheren Beruf und eine ordentlichere Heimat haben? – als Emigrant nach New York kam und dort einen Bekannten traf, der sich nach seiner Familie erkundigte. »Was macht Ihr Sohn Peter?«, fragte er. – »Dem geht es gut; er lebt in Australien.« – »Und Marianne?« – »Ist in Alaska verheiratet; sie erwartet ihr erstes Baby.« – »Und Fritz, Ihr Jüngster?« – »Ach, der ist immer ein Abenteurer gewesen«, seufzte der Stuttgarter Bauingenieur. »Er ist in Stuttgart geblieben . . .«

Weshalb also sollte gerade ich nicht mehrere Heimaten haben? Bin ich doch als Reiseschriftsteller ein halber Zigeuner. Geduld, bitte! Meine drei Heimaten werden sich bald ordnen. Einstweilen schaukle ich in meiner Hängematte und habe erst Brasiliens als meiner dritten und Locarnos als meiner zweiten Heimat gedacht.

Denn meine erste Heimat will sich dem Rhythmus der luftigen Wiege nicht anpassen: *Prag*, wo ich geboren bin und meine Jugend verlebt habe. Denn Prag ist keine beschwingte, sondern eine strenge Heimat, und nur wenn ich mich so reglos ausstrecke, daß kein Beben des Behagens durch Seile und Leinwand meiner Hängematte vibriert, tauchen in meiner Erinnerung verwinkelte rote Dächer auf, über denen die gotischen Türme des St. Veits-Doms in einen perlgrauen Himmel stechen.

Ja, Prag war immer eine harte Stadt, und da ich ein weicher Mensch bin, denke ich nicht gern daran, wie hart es eben jetzt dort zugeht.

Lieber lasse ich die Hängematte wieder schwingen, um das Geschrei Prager Politiker, das ich schon zu hören vermeinte, ins Krächzen friedlicher Papageien zu verwandeln, die diese Hängematte so oft überflogen haben . . .

In Wahrheit freilich krächzt jetzt meine rot-grüne Arara *Rachel*, die ich – nebst der Hängematte – von Brasilien in die Südschweiz mitgenommen habe, und die nun beleidigt protestiert, daß ich träumerisch kritzle, statt sie vom Rasen zu mir hochzuheben. Doch das riskiere ich nicht, denn sie hat mir schon *ein* Notizbuch zu Konfetti zerzupft, weil ich ein Buch schreibe, statt mit ihr zu spielen – ein Buch aus meinem lieben Leben, das zwischen drei Heimaten schwingt: Prag, Locarno, Brasilien.

Ein Buch in der Hängematte ...

Es ist Mitte Mai. Die Glyzinienblüten duften vanillewürzig in meine Hängematte hoch.

Die Hängematte, fällt mir ein, ist die angenehme Erfindung, die wir den Indianern Brasiliens verdanken. Die unangenehme ist das Pfeilgift.

Als der portugiesische Freibeuter *Cabral* Brasilien entdeckte, spähten ihm dort Indianer steinzeitlicher Einfalt entgegen.

Während *Cordez* in Mexiko der alten Kultur der Azteken und *Pizarro* in Peru jener der Inkas begegnete (und mörderisch ausrottete), erwarteten nur nackte Kannibalen die Karavellen Cabrals. Aus Baumwipfeln bestaunten sie die erste Messe, die an Land gelesen wurde, zweifelnd, ob sie flüchten oder ihre Bogen gegen die schmackhafte Beute spannen sollten.

Von dem, was wir Kultur nennen, besaßen sie nur wenig: Kopfschmuck aus Papageienfedern, Halsketten aus Jaguarzähnen, Hütten aus Bambus. – Das war im Jahre 1500, einer so gefällig runden Zahl, daß sie einem selbst in der Hängematte einfällt, in der man nicht Literatur noch Kartothek zur Hand hat.

Doch eben diese Hängematte hatten sie schon, und in der schaukelte bald so mancher portugiesische Freibeuter mit einem Indianermädchen. Zurückhaltend waren die Indianermädchen nicht. Drei Jahrhunderte später berichtete Goethes gelehrter Freund *Martius,* daß sie von Geschlechtsdingen so wenig Aufhebens machten »wie unsere Bauern vom Kohlpflanzen«. Die letzten freien Indianerstämme schicken noch heutigen Tags dem fremden Gast ihr schönstes Mädchen in die Hängematte.

Die Generation der Mischlinge, die das riesige Brasilien landein erobert haben, ist in Hängematten gezeugt worden.

Kannibalische Indianer also haben die Hängematte erfunden und bis zur Vollendung entwickelt – die Hängematte, in der ich jetzt schaukle, die Hängematte, in der so viele Brasilianer noch heute gezeugt, geboren und gesäugt werden, schlafen und lieben – denn es gibt auch zweischläfrige Hängematten –: Millionen Brasilianer, Tausende Kilometer weit von Nord nach Süd und von Ost nach West, in Waldhütten und Dörfern. Nur die Städter Brasiliens schlafen in Betten.

Dies ist das Geschenk der Indianer auch an mich: die Hängematte.

Seltsam, daß sich eine so angenehme Erfindung nicht auch in Europa einbürgert.

Zugegeben: sie taugt so wenig für unseren Winter wie für die windigen Übergangszeiten, in denen unsere Sonne Unterwäsche aus Wolkenwolle trägt. Für die paar knappen Sommermonate aber, die uns hier zugemessen sind, sollte sie willkommen sein. Doch was wird dem gehetzten Europäer, der des sanften Mußelagers so sehr bedürfte, statt einer richtigen Hängematte zugemutet? Ihre Karikatur: ein Netz aus Schnüren und Knoten, in dessen Maschen sich Hände und Füße verstricken!

Nur auf Kriegsschiffen finden sich Hängematten, in denen sich einigermaßen ruhen läßt; doch auch sie sind lieblos gefertigt und ohne rechtes Maß, weshalb sie denn nur einfachen Matrosen zugemutet werden, während deren Offiziere in festen Kojen schlafen.

Leider hat Europa zu wenig Zeit, um die Voraussetzungen einfachen Genusses zu beachten. Und doch ist nur einfacher Genuß wahrer Genuß. Um ein Auto schneller, einen Radiosender stärker, ja, um einen albernen Baby-Mond rasanter zu machen, zergrübeln sich die feinsten Gehirne. Wer aber überlegt, daß eine Siesta in der Hängematte erfreulicher ist als all solcher Kram?

Nur ein tropisches Volk, das sich Zeit lassen kann, weil es für keinen Winter vorzusorgen hat, nimmt sich auch die Zeit, zu erproben – nicht zu errechnen! – daß die ideale Höhe, in der die drehbaren Haken einer Hängematte befestigt werden sollten, ein wenig über zweieinviertel Meter und ihre Entfernung von einander eine Nuance unter vier Meter beträgt, und daß man *schräge* – beileibe nicht soldatenmäßig gerade! – liegen muß, um einer richtig geschnittenen und wohlbedacht aufgehängten Hängematte eben *die* Schwingungen abzugewinnen, die mit geruhsamen Atemzügen übereinstimmen.

Ach, ich weiß, ich kann euch nicht überzeugen ... Bleibet ihr bei eueren Düsenflugzeugen und künstlichen Erdsatelliten – ich bleibe in meiner indianischen Hängematte...

Die Hängematte, in deren lässigem Schweben ich diese noch lässigeren Notizen schreibe, ist eine richtige Hängematte. Das besagt nicht bloß, daß sie in Brasilien angefertigt wurde (dort knüpft und webt man auch Schund für Touristen), sondern dazu, daß sie im kontinentweiten Brasilien exakt dort entstand, wo die Indianer sie erfunden haben: in *Ceara*. Dort hat sich der Goldene Schnitt ihrer Länge zur Breite, die Handweberei ihres Tuches aus Pflanzenfasern von Generation zu Generation vererbt. Eine wahre Hängematte besteht nämlich nicht nur aus Stricken, sondern zum Großteil aus zwar derbem, doch weichem Tuch.

Der brasilianische Bundesstaat Ceara liegt an der Wölbung Südamerikas gegen Afrika hin. Doch stammt meine Hängematte nicht aus einer Textilfabrik seiner Hauptstadt *Fortaleza*, sondern aus dem Familienbetrieb eines Handwerkers nordwestlich davon. Denn sie ist eine *ganz* richtige Hängematte und eine ganz breite dazu: »für die Familie und ihre Nachbarn«, wie man dort sagt.

Ich verdanke sie meiner lieben Freundin *Rachel de Queiroz*, deren Eltern- und Ahnenhaus seit Jahrhunderten ein Landgut Cearas ist, halben Wegs etwa zwischen dem Meer (das nirgendwo auf Erden so smaragdgrün funkelt wie an den weißen Sanddünen Cearas) und der stacheligen Dürrwald-Steppe. Zwischen beiden ist der Boden noch feucht genug, um Zuckerrohr zu treiben, das sich in der Brise fast so saftgrün wellt wie die nahe See, ohne doch so meersalzig zu sein, wie nur die Kokospalmen des Strandes ihn lieben.

Dorther also, zwischen Meer und Steppe, kommen die richtigen Hängematten: lange Rechtecke aus derbem, meist weißem Stoff, an den Schmalseiten mit Stricken, die sich in den beiden Aufhänge-Ringen vereinen.

Es gibt auch Hängematten, die nur aus Lianen bestehen – aus weichen, elastischen Lianen, wohlgemerkt, nicht aus harten Schnüren! – doch sie sind so selten geworden wie die Indianer am Rio Negro, die allein sie zu flechten verstehen. Ich besitze noch eine, ein wahres Museumstück, und auch sie verdanke ich Dona Rachel.

Einst war der Strand Cearas so dicht besiedelt, daß ein Mönch schrieb, keine Kokosnuß könne von der Palme fallen, ohne den Kopf eines Indianers zu treffen. Doch die weißen Freibeuter rotteten sie mit ihren Musketen aus oder, um Munition zu sparen, einfach dadurch, daß sie die Wäsche ihrer Pockenkranken in Indianerdörfer schmuggelten. Fürchterlich hausen unsere Krankheiten unter den Primitiven, deren Blut noch keine Gegengifte gegen sie enthält. Nur jene Indianer überleben noch in Freiheit, die sich in dickstes Dschungel zurückgezogen haben und in jeden Fremden, der sich ihnen nähert, vergiftete Blasrohr-Bolzen pusten.

Die friedlichen Stämme aber sind zu fast nichts zusammengeschmolzen. Jetzt hilft ihnen kein Regierungsschutz mehr: sie sterben an unserer Zivilisation.

Rachel de Queiroz, die mir die Hängematte aus Tuch und die aus Lianen geschenkt hat, ist die bedeutendste

Schriftstellerin Brasiliens. Ihr Erstlingsbuch – »O Quinze« – das sie als junge Lehrerin schrieb, gilt in Südamerika als klassisches Werk. Doch nicht deshalb denke ich im Schweben meiner Hängematte so oft an sie, sondern vor allem aus dem Grunde, daß sie mich gelehrt hat, wie man eine Hängematte richtig aufhängt und in ihr liegt, wie man sie einrollt, wäscht und verwahrt. Auch sonst denke ich gern an Dona Rachel, weil sie eine wirklich gute Frau ist. Und eine wirklich gute Frau ist besser als der beste Mann. Während anderseits eine wirklich böse Frau – aber lassen wir die; sie widerspräche dem Rhythmus meiner Hängematte.

Dona Rachels Güte hat mir nicht nur den Weg zur Hängematte, sondern auch zu ihrer Heimat gewiesen; ihr verdanke ich es, daß ich nicht nur dem Paß, sondern auch dem Herzen nach Brasilianer geworden bin.

Ja, denken wir an eine füllige, doch vogelhaft bewegliche Frau mit einer Krone indianisch blauschwarzen Haars über einem hübschen (und meist lächelnden), sonngebräunten Rundgesicht, an eine kleine Frau mit kleinen flinken Händen, die den Kochlöffel so meisterhaft führen wie die Feder. Denken wir an sie in ihrem Landhaus auf der Gouverneurinsel in der Rio-Bai, die mit ihrem wohlklingenden indianischen Namen *Guanabara* heißt. Denken wir an die Freunde und Freundinnen um sie; denken wir an ihre Hunde und Hühner, an ihre scharlachblühenden Hibiskussträucher; denken wir ans geräumige weiße Haus, dessen Türen und Fenster stets offen stehen; denken wir an ihren Garten, der so groß ist wie ein Park in Europa, und an die Bananen, Mangos und Mandarinen, die einem dort in den Mund wachsen.

Dona Rachel und ich haben viele Jahre auf der gleichen Insel gewohnt, und als sie mir bei unserer ersten Begegnung sagte: »Mein Haus ist das Ihre«, wußte weder sie noch ich, wie buchstäblich sich diese landläufige Höflichkeitsfloskel bewahrheiten sollte. War ich niedergeschlagen, ging ich zu Dona Rachel und wurde wieder fröhlich; verstand ich Brasilien nicht – und wie wenig verstand ich es zu Beginn! – holte ich mir Rat bei ihr. Denn was sie nicht von Brasilien weiß, ist nicht wert gewußt zu werden.

Wenn sie mich zum Essen einlud, kochte sie selbst, und das Spanferkel, das sie in Kokosmilch briet, schmolz auf der Zunge. Hernach gab es die Makronen aus Ceara, deren Rezept sie keinem verriet. Dona Rachels Romane in Ehren: doch sehnsüchtiger als an ihre Bücher denke ich an ihre Makronen.

Als ich in der Schweiz zum ersten Mal eine hausgemachte »Zugerkirschtorte« aß und der Hausfrau sagte, daß ich noch nie ein so leckeres Dessert gespeist hätte, wäre mir der Bissen beinahe im Hals steckengeblieben; denn während ich es in aller Aufrichtigkeit zu sagen vermeinte, waren mir jene Makronen eingefallen, und ich bin ein ungeschickter Lügner. –

Schulde ich dieser lieben Freundin meine Hängematte – und mehr als die –, so habe ich meine gesunden Glieder ihrem Gatten zu verdanken: Dr. *Oyama Macedo.* Er ist Arzt, und als mich eines der Autos überfahren hatte, die nun auch Inseln verpesten, hat er mich gesund geflegt. Und was war sein Lohn? Die europäische Taktlosigkeit, mit der ich hernach seine Rechnung erbat. Gekränkt bemerkte er: »Ich dachte, wir sind Freunde . . .«

»Freilich ... gewiß« ... stotterte ich, »aber Freundschaft und Geld soll man auseinander halten ...«

»Bei *uns* nicht«, erwiderte er kurz, und zum ersten Male umarmte er mich nicht beim Abschied.

Ja, auch mein Freund Oyama gehört zur Träumerei in der Hängematte, der Arzt, der die öffentliche Poliklinik der Insel vorbildlich betreut und Privatpatienten nur annimmt, wenn sie seine Freunde sind. In seiner Freizeit angelt er lieber, und Geld ist ihm egal. Er stammt aus dem Bundesstaat *Goyaz*, den sein Vater als Senator vertreten hat, und wenn Dona Rachel sich über ihn ärgert, braucht sie nur die Vorzüge ihrer Heimat Ceara über Goyaz herausstreichen, um eine abendfüllende Debatte in Fluß zu bringen. Denn so ist es wiederum nicht, daß eine gute Frau mit ihrem guten Mann allerwege übereinstimmt (im besonderen dann nicht, wenn sie ihm die leeren Bierflaschen nachzählt, was Dona Rachel nun einmal nicht lassen kann). Wie immer: ohne Salz schmeckt eine gute Ehe so fade wie eine gute Suppe.

Der Kampferbaum und die Kastanie, zwischen denen meine Hängematte schaukelt, haben ihre Wipfelschatten beiseite geschoben, und die Sonne beginnt, mich zu blenden. Auch kreischt Arara Rachel so ärgerlich, daß man sie wieder bis auf den Kirchplatz hinunter hören wird. Sie ist ungeduldiger als ihre Patin Dona Rachel, die ich in all meinen Brasilienjahren nicht ein einziges Mal schreien gehört habe. Ihr Portugiesisch ist so sanft und melodisch wie der Gesang der gelbbrüstigen Amsel *Sabia*, den die Brasilianer so lieben wie wir den Sang der Nachtigall. Sie spricht, wie sie schreibt: melodisch.

Als ich jahrelang Portugiesisch gelernt, gelesen und gesprochen, ja, bereits begonnen hatte, Portugiesisch zu träumen, fragte ich sie einmal, ob sie nun mit mir zufrieden sei.

»Du sprichst wie ein Buch«, erwiderte sie lächelnd. Als sie mich stolz sah, fügte sie hinzu: »aber nicht wie wir.«

»Mache ich Fehler?«

»Das ist es ja eben«, lächelte sie, »du *solltest* sie machen! Du hast zu viel Respekt vor der Grammatik. *Wir* machen die Grammatik.«

Von Dona Rachel habe ich viel gelernt; auch, daß man niemals schreien soll. Doch weinen habe ich sie gesehen, lange und still vor sich hinweinen, als ihr in *einem* Jahre Vater, Mutter und Bruder wegstarben. Noch jetzt werden mir die Augen feucht, wenn ich daran denke, wie tief sie litt, denn sie liebt ihre Familie sehr, und jetzt ist ihr nur ein Bruder geblieben; er amtet als Richter in Ceara.

Ja, das bleibt noch zu ergänzen: daß man in einer rechten Hängematte nicht nur geboren wird, schläft und liebt, sondern auch in ihr stirbt.

Als ich den Staat Ceara durchreiste, gab mir eines Abends ein Mulatten-Bauer mit landesüblicher Gastlichkeit die Erlaubnis, meine Hängematte an den Haken seiner Hütte aufzuhängen. Während ich damit beschäftigt war, hörte ich von fern ein Kapellen-Glöckchen läuten, und an der Veranda vorbei schritten zwei Männer, zwischen denen eine belastete Hängematte schwebte. Darin trugen sie die Leiche eines Kameraden zum Friedhof.

Holz ist rar im Dürrwald von Ceara, der nur Kaktus und

karge Bäumchen wachsen läßt. Deshalb konnten sie ihren toten Kameraden nicht in einem Sarg bestatten, sondern beerdigten ihn in seiner Hängematte.

Schaukle, meine Hängematte!
Das Erleben, das ich hatte,
Wolkenhimmel, Sonnenschein:
Schaukle sie ins Buch hinein . . .

LEO SLEZAK, »Dichter und Sänger«, wie er sich in seinem »Gedrängten Lebenslauf für das Konversations-Lexikon« humorvoll bezeichnet, wurde 1873 in Mährisch-Schönberg geboren und wuchs in Brünn auf. »Ich besuchte den Kindergarten, die Volksschule und vier Klassen Realschule. Den größten Erfolg hatte ich im Kindergarten. — Das war alles in Brünn. Dort lernte ich die Schlosserei, war am Abend Statist im Stadttheater und erregte durch mein besonders lebhaftes Anteilnehmen an den Vorgängen der betreffenden Stücke beim Publikum Anstoß. Langjährige Abonnenten mieden das Theater. — Mein geliebter Lehrer Robinson entdeckte mich und bildete mich zum Sänger aus. — Meine Bescheidenheit verbietet mir zu sagen, daß ich phänomenal bin und ein Gestirn am Künstlerhimmel.« Auch dies steht im »gedrängten Lebenslauf« im Anhang zu den 1921 zuerst erschienenen Erinnerungen Leo Slezaks »Meine sämtlichen Werke«, die dann später eine Fortsetzung in »Der Wortbruch« und »Der Rückfall« erhielten. Hier erzählt er mit einem Humor, der kaum weniger sieghaft ist als seine Stimme, den Aufstieg des Sängers zum Weltruhm, von den Lehr- und Wanderjahren, seinen ersten großen Erfolgen an der Wiener Hofoper, von seinen Gastspielen in New York und London, und später dann von seinen Filmen, die ihm eine zweite glorreiche Laufbahn beschieden. 1946 ist der große Sänger, der gütige Mensch und großartige Spaßmacher in Rottach am Tegernsee gestorben. Sein Humor lebt immer noch in seinen »sämtlichen Werken«, denen die nachstehenden anekdotenhaften Berichte über seinen Werdegang entnommen wurden.

LEO SLEZAK

Mein erstes Gastspiel in Prag

Sooft ich in Prag am Königlichen Landestheater gastiere, erinnere ich mich jedesmal mit großer Freude an mein allererstes Auftreten in dieser Stadt, das sich unter ganz eigenartigen Umständen vollzogen hat.

Ich war damals noch Zögling an der Werkmeisterschule in Brünn, aber auch schon Gesangsschüler Robinsons.

In der Familie war man sehr stolz auf den Opernsänger in spe, und ein Verwandter, der in Prag lebte, entschloß sich sogar, mir zu einem ersten Erfolg daselbst zu verhelfen.

Er animierte einige Herren des Vereines der Deutschen in Prag-Weinberge, mich zu einem Unterhaltungsabend einzuladen.

Ich sagte hochbeglückt zu.

Mit dem Schubertalbum unter dem Arm und einem reinen, wenn auch etwas zerfranzten Kragen in der Tasche, machte ich mich auf den Weg.

Aus dem Schubertalbum konnte ich nichts als das eine Lied »Am Meer« singen.

Ich fuhr dritter Klasse, weil es keine vierte gab.

Als ich nun in Prag so leicht beschwingt ankam, erwarteten mich auf dem Bahnhof einige Herren vom Komitee des Vereines, begrüßten mich auf das herzlichste und erbaten sich meinen Gepäckschein, um meine Bagage ins Hotel schaffen zu lassen.

Ich zeigte auf mein Schubertalbum und erklärte, daß dies mein ganzes Gepäck wäre.

Sie hielten es für einen Scherz, erst als ich versicherte, daß dem wirklich so sei, sahen sie sich etwas erstaunt an, lachten aber dann aus vollem Halse.

Da ich nun in einer weißblau karierten Pepitahose und einem Samtrock, der an den Rändern bereits ziemlich vorgeschrittene Zeichen von Schäbigkeit merken ließ, nicht gut auftreten konnte, führten mich die Herren, die es dabei auf das Zartfühlendste vermieden, mich meine Mittellosigkeit fühlen zu lassen, in ein Kleideretablissement, um mir einen Frackanzug auszuleihen.

Aber meine etwas riesenhaft geratenen Körperdimensionen bildeten ein arges Hindernis.

Nichts Passendes ließ sich finden.

Ein Ausweg. – Dr. P., der ungefähr meine Figur hatte, mußte herhalten.

Er war auch gerne bereit, mir für die Zeit meiner Vorträge seine Kleider zu leihen, und wollte inzwischen im Künstlerzimmer, seine Unterwäsche mit einem Paletot verhüllend, warten. Ein Frackhemd und eine Krawatte waren bald gefunden, und am Abend stand ich zum erstenmal vor dem Prager Publikum.

Ich sang mein einziges Lied »Am Meer«, dem einige humoristische Vorträge und Couplets folgten, und errang so, dank der gütigen Nachsicht des Auditoriums, einen großen Erfolg.

Nach den Vorträgen wurde ich von den Honoratioren des Vereins ins Gespräch gezogen, und von all den anerkennenden und liebenswürdigen Worten berauscht, vergaß ich ganz und gar meinen, im Künsterzimmer harrenden, notdürftig bekleideten Gläubiger. – Vergaß derart den Armen, daß ich mich in einem andern Saal zum Souper setzte und mich sogar an der Tanzunterhaltung beteiligte.

Auch das Komitee schien Herrn Dr. P. vollständig vergessen zu haben, der, verzweifelt die Hände ringend, in seinen Unterkleidern auf und ab lief, sich die Zeit mit Fluchen und Schimpfen vertrieb und seine Güte verwünschte.

Bis endlich ein Diener zu mir kam und mir mitteilte, Herr Dr. P. ließe anfragen, wie lange ich eigentlich noch in seinen Kleidern herumzurennen beabsichtige, und ob ich glaube, daß er seine Tage in der Unterhose im Künstlerzimmer zu beschließen gedenke.

Tief bestürzt eilte ich zu ihm. Er empfing mich sehr kühl. Es bedurfte des ganzen Zaubers meiner Persönlichkeit, ihn wieder gut zu machen.

Als wir sodann in gewechselten Kleidern wieder in der Gesellschaft erschienen, gab es große Heiterkeit, und erst am frühen Morgen trennten wir uns.

Im Nu war ich mit allen Herren des Vereins verbrüdert. Ich fühlte mich in Prag so maßlos wohl, daß aus meinem für drei Tage festgesetzten Aufenthalt – sieben wurden.

Zur Rückfahrt brachten mich alle an die Bahn.

Einige Stationen hinter Prag bemerkte ich erst, daß ich das Schubertalbum vergessen hatte.

Von Brünn über Berlin nach Breslau

Der Zufall spielt im Leben des Menschen eine große Rolle.

Ein Zufall war es, daß ich nach Breslau kam, nach Breslau, das in meinem Erdenfahren die schwerwiegendste und wichtigste Station werden sollte.

Nach meinem ersten Auftreten in Brünn wurde ich der sogenannte »Liebling« des Publikums, was sich darin äußerte, daß man sich auf der Straße nach mir umsah – meinen Namen flüsterte – und sich gegenseitig anstieß, mit einem Blick: »Das ist er.«

Ich gewöhnte mich so daran, daß, wenn einmal nicht geflüstert wurde, ich dies als persönliche Beleidigung empfand.

Dies ging nun zwei Jahre so fort – und die Brünner nannten mich »ihren« Slezak.

Nur der zielbewußten Führung meines geliebten Lehrers Robinson, die sich in der schärfsten, schonungslosesten Kritik meiner künstlerischen Leistungen äußerte, habe ich es zu danken, daß ich nicht zum verblödeten Provinzherrgott – zur aufgeblasenen Lokalgröße wurde, die vor lauter Begeisterung über sich selbst jedes Urteil verliert, was es noch zu lernen gibt.

Weh tat es freilich, wenn ich siegesgebläht nach einer Vorstellung erfuhr, daß eigentlich die ganze Sache – vom ernsten, künstlerischen Standpunkt aus betrachtet – eine recht klägliche Angelegenheit war und daß es da und dort noch größere Lücken gab, die ausgefüllt werden mußten.

*

Ich hatte einen Vertrag an das Königliche Opernhaus in Berlin, und es kam das Gastspiel auf Anstellung, als Lohengrin.

Voll Zuversicht und in der bombensicheren Erwartung, daß ich die Sterne sämtlicher Berliner Tenöre erbleichen machen werde, fuhr ich ab.

Ich spielte den Lohengrin bartlos und war an allen, noch nicht ganz entwickelten Stellen meines Körpers auswattiert.

Das hat sich inzwischen leider wesentlich gebessert.

Der Erfolg war freundlich, ich durfte mich sogar nach jedem Aktschluß bedanken, und am Ende der Oper rief mich der Generalintendant Graf Hochberg, ein äußerst freundlicher und wohlwollender Herr, in seine Loge und erklärte meinen Vertrag – in Anbetracht meiner großen Jugend und Entwicklungsfähigkeit – für perfekt.

Beglückt telegraphierte ich noch am selben Abend nach Brünn etwas von Triumph, überwältigendem Beifall, kreischendem Jubel und infolgedessen sofort erfolgtem Engagement.

Der Telegraphendraht errötete.

Am nächsten Morgen stürzte ich mich auf die Zeitungen und las als erste, in der »Vossischen Zeitung«, folgende Kritik:

Königliches Opernhaus

»Als Lohengrin versuchte sich gestern ein Herr Slezak aus Brünn. – Der Versuch mißlang. – Herr Slezak sieht aus wie ein junges Mädchen und singt wie ein alter Mann. – Es zittert und bebt alles. Seine Stimme scheint ursprünglich ein schwächlicher Bariton gewesen zu sein, der dann zum Tenor in die Höhe getrieben wurde. Die erstrebte Höhe hat sich nun zwar nicht erreichen lassen, hingegen ist die Mittellage dabei vollkommen verblaßt, und so befindet sich der Sänger in der bedauerlichen Lage, weder oben noch in der Mitte und Tiefe gesunde kräftige Töne zu besitzen.

Mit solchen Mitteln läßt sich kein Lohengrin singen, selbst wenn man rein intoniert, was der Gast meistens auch versäumte.«

So ähnlich äußerten sich fast alle Blätter. – Ich war niedergeschmettert. – Aus allen Wolken gefallen, war mein erster Gedanke, daß der Kritiker ein aufgelegter, boshafter

Kretin sein müsse, dann zog ich in Erwägung, ob nicht Kollegenneid und Angst vor meiner alles verheerenden künstlerischen Potenz Kabalen schuf – und ganz wenig später begann in mir die Erkenntnis zu dämmern, daß es vielleicht doch nicht so ganz unberechtigt sein könne und ich vielleicht doch noch nicht das sein dürfte – was ich mir einbildete.

Etwas bescheidener fuhr ich nach Brünn zurück und nannte mich bei jeder Gelegenheit – »königlicher Sänger«.

Im Herbst trat ich mein Berliner Engagement an und wurde nicht beschäftigt. – Abend für Abend saß ich oben in der Künstlerloge und mußte mir meine Rollen von andern vorsingen lassen.

Ich litt.

Wurde ein Tenor krank, sandte man zum andern – zum dritten, und wollten alle nicht, so forschte man im Café Westmünster oder Größenwahn nach, ob nicht durch Zufall ein Heldentenor aus Kratzenbach an der Pleite da wäre, der einspringen könne. Wenn alles versagte – sandte man zu mir. Ich sang, und alles fragte erstaunt: »Wer ist das? – Der hat ja eine sehr schöne Stimme.« –

Wohlwollende Worte schwirrten um mich herum – man klopfte mir sogar auf die Schulter und behauptete, man werde mich im Auge behalten. Der Abend war vorüber – und wieder ging ich wochenlang mit einem tiefen Stachel im Herzen herum, ohne daß man von meiner Existenz Notiz nahm. Dann kam wieder eine Einspringgelegenheit mit dreistündigem Im-Auge-Behalten, Auf-die-Schulter-Klopfen und Erstaunen über meine Fähigkeiten. Eines Tages bekam ich's satt, ging zu Sr. Exzellenz dem Grafen Hochberg und bat in dringendster Form um meine Entlassung.

Ich schilderte meinen Tatendrang und charakterisierte meine künstlerische Stellung sehr temperamentvoll, drastisch und treffend.

Exzellenz sah ein, daß ich nicht das Zeug zum Gesangsbeamten, der auf den Tod seiner Vordermänner warten lernt habe, und gab mich frei.

So kam ich nach Breslau – in einen ganz reizenden Kollegenkreis und in tüchtige, ehrliche Arbeit.

Ich wurde sehr warm aufgenommen und war in kurzer Zeit heimisch. All mein Übermut und meine Schalknatur wucherten üppig – und so mancher Strafzettel – wegen aller möglichen Delikte, begangen dadurch, daß ich meine Kollegen in ernsten Szenen zum Lachen brachte, flatterte mir ins Haus.

Da markierte ich den tiefgekränkten wilden Mann und stellte die Sache so dar, daß man mir die Strafe erließ und mich ob des Mißverständnisses noch um Entschuldigung bat.

Einer der entschiedensten Gegner meines Humors an unrechter Stelle war Kapellmeister Hertz. Jeden Scherz während der Probe rügte er strenge.

Bei einer »Tannhäuser«-Generalprobe kamen zum Schlusse des ersten Aktes einige Pferde auf die Bühne und entledigten sich, sowie sie ins grelle Licht traten, alles Überflüssigen. Ganze Pferdeäpfelgebirge lagen auf der Erde herum.

Da sagte ich gekränkt zu Hertz: Siehst du, wie ungerecht du bist, den Pferden sagst du nichts, aber wenn ich das gemacht hätte, hieße es gleich wieder: »Slezak stört die Probe!«

In dieser Zeit lernte ich meine Frau kennen.

Es brauchte sehr lange, bis sie mich ernst nahm. – Da ich ihr schon am zweiten Tage unserer Bekanntschaft einen Heiratsantrag machte, hielt sich mich für nicht ganz normal, und es bedurfte vieler Versicherungen meinerseits, daß ich ein ernster Mensch sei und kein Wurstel, für den sie mich in ihrem geradezu beschämenden Mangel an Menschenkenntnis hielt, bis sie endlich ja sagte.

Als ich meinem Direktor, Dr. Theodor Loewe, mitteilte, daß ich mich mit seiner Sentimentalen zu verheiraten gedenke, gratulierte er mir und erklärte, daß ich von nun ab 20000 Mark jährlich weniger wert wäre. – Das machte aus dem Grunde einen äußerst peinlichen Eindruck auf mich, weil meine damalige Jahresgage 20000 Mark betrug.

Er war aber sehr vornehm, zahlte mir weiter meine Gage und kam uns Brautleuten äußerst freundschaftlich entgegen. – Da ich es nicht für zweckmäßig hielt, eine Hausfrau zu haben, die am Abend heroisch ist, weil man da in Bälde zu streiten anfängt, daß die Fetzen fliegen, daheim vor lauter Theater keine Ordnung hat, mit devastierten Kleidern, zerrissener Wäsche und einem Schlangenfraß kämpfen muß – mußte meine Frau vom Theater weg.

Am 9. Feber verabschiedete sie sich als Johanna d'Arc mit den Worten: »Johanna geht und nimmer kehrt sie wieder« – worauf die Leute »Hoch Slezak!« riefen. – Das ist der einzige Scherz, den mir die Gute heute noch übel nimmt. – Am 15. Feber war Hochzeit.

Da wir kurz darauf nach London fuhren, nahm ich mit

meiner jungen Frau eine möblierte Wohnung in Breslau, wo wir viel unter den Schikanen und Quälereien der Hauswirtin zu leiden hatten, die ich mit viel Humor trug. Diese war eine böse Angelegenheit, schimpfte und räsonnierte den ganzen Tag.

Meine Vorstellungen, die sich zuerst in den Grenzen des gesellschaftlich Möglichen bewegten und dann allmählich zum schweren Geschütz, mit Fluchen und Donnerwettern übergingen, fruchteten nichts.

Da kam der Erste des Monats, und ich sollte mit der Dame abrechnen.

Ich legte meine Lohengrinrüstung an. – Den Helm auf dem Kopf, Schwert und Schild in der Linken, das Portemonnaie in der Rechten, trat ich in ihre Stube. – Sie erschrak zu Tode. Sie hielt mich für wahnsinnig.

»Ja, um Gotteswillen, was soll das?« flüsterte sie mit bebender Stimme.

»Abrechnung halten mit Ihnen will ich« – schrie ich, mit weit aus den Höhlen tretenden Augen.

Sie starrte mich an, wollte um Hilfe rufen. »Was ist denn los, Herr Slezak, beruhigen Sie sich doch.«

»Nichts ist los, der Erste ist, und Sie kriegen Ihr Geld«, sagte ich verbindlich.

»Ja, was soll denn die Maskerade?«

»Ja, meinen Sie denn, hochwohlgeborene Zimmerfrau, daß ich unbewehrt einem Drachen gegenübertrete? – Ich weiß ganz genau, von meinem Siegfried her, wie man mit solchen Fabeltieren umzugehn hat.«

Diese Scherze waren ja an sich, für den Augenblick ganz unterhaltend, doch die Piesackereien nahmen allmählich derartige Dimensionen an, daß ich Koffer und Gemahlin zusammenpackte und ins Hotel zog.

Das Ende war eine äußerst humorvolle Gerichtsverhandlung, in der ich wegen gefährlicher Drohung zu fünfzehn Mark Geldstrafe verurteilt wurde.

Im Herbst hatte ich bereits meinen eigenen Hausstand, den uns die Mutter meiner Frau einrichtete. – Ich war wie im Schlaraffenland. – Auch unsern ersten Gast hatten wir da, einen lieben Jugendfreund aus Brünn. – Den hieß es nun bewirten.

Meine liebe Frau hatte als Hero, Julia, Gretchen und Johanna d'Arc wenig Gelegenheit gehabt, sich als Hausfrau auszuleben. – Sie war ahnungslos. – Auch ich wußte nicht recht, wie man das macht.

Eine Köchin hatten wir – das heißt Köchin ist etwas übertrieben – nennen wir sie Köchin für Alles – sie konnte alles, nur nicht kochen. Also mußten wir es tun.

Beim Menü entschieden wir uns für eine Gans – das Symbol der Hausfrau. Vorspeise sollte Büchsenhummer mit Mayonnaise sein.

Der Büchsenhummer gelang uns vortrefflich – wenn man davon absieht, daß ich mir beim Öffnen der Büchse beinahe die Pulsader durchschnitten hätte – aber der Mayonnaise standen wir ratlos gegenüber.

Ich eröffnete mich meinem Freunde Otto und fragte ihn, ob er zufällig wüßte, wie man Mayonnaise macht. Er verneinte es.

Da gingen wir zu dritt zum Delikatessenhändler und fragten dort um Rat. – Wir bekamen Öl, Eier, eine Zitrone, etwas Senfpulver – und voll Mut kehrten wir heim.

Bei Tische wurde sehr wenig gegessen – es war nicht das Richtige. Die Gans schmirgelte. – Beim Tranchieren fanden wir einige Gedärme vor, die eigentlich nicht hätten mitgebraten werden dürfen – und die Mayonnnaise schmeckte infolge Mangels an Erfahrung und eines Übermaßes von Senfpulver etwas befremdend.

Wir ersetzten dieses Manko durch besondere Liebenswürdigkeit unserem Gaste gegenüber – der leider taktlos genug ist, uns heute noch an dieses Mittagessen zu erinnern. –

Dann wurde ich in Breslau das erstemal Vater. – Ich kaufte alle, für diesen Fall einschlägigen Bücher und kontrollierte die Amme. Da kam es zu den ersten Konflikten mit meiner Schwiegermutter. – Wundervoll!

In der Oper hatte ich sehr viel Anregung – zwei prachtvolle Dirigenten, Julius Prüwer und Alfred Hertz, wirkten äußerst befruchtend auf meine Entwicklung. Mit letzterem traf ich einige Jahre später in New York am Metropolitanoperahouse zusammen.

Alfred Hertz, der damals blutjunge Stürmer, war bei den Orchestermitgliedern wegen seines langen und intensiven Probierens nicht sonderlich beliebt. Im Laufe so einer Probe, als Hertz in ziemlich energischer Weise eine Stelle einige Male gespielt verlangte, lehnte sich ein Musiker dagegen auf und rief dem Dirigenten zu: »Ach was, Sie haben auch nicht das Pulver erfunden.«

Hertz klopfte ab, unterbrach die Probe, stürzte zu Dr. Loewe in die Direktionskanzlei und verlangte im Interesse seiner Autorität die sofortige Entlassung dieses Musikers.

Direktor Loewe, der infolge der ungeheuren Arbeit, die ihm die drei Theater machten, die er zu leiten hatte, öfters zerstreut war und bereits an andere Unannehmlichkeiten seines gigantischen Betriebes dachte, strich sich würdevoll den Knebelbart und bat, ihm den Hergang zu erzählen.

Der Kapellmeister, vor Aufregung am ganzen Leibe zitternd, schilderte in bewegten Worten, wie einzelne Orchestermitglieder renitent wären und durch respektlose Zurufe seine Autorität zu untergraben suchten. Mit erhobener Stimme gipfelte seine Rede in dem Satz: »Soeben hat mir ein Holzbläser zugerufen: ›Ach was, Sie haben auch nicht das Pulver erfunden!‹« – –

Direktor Loewe beruhigte den Aufgeregten mit der Frage: »Ja – haben Sie es denn erfunden?«

Noch eines geradezu wundervollen Schiedsspruches meines verehrten Chefs weiß ich mich zu erinnern, der gewiß vorbildlich auf weitere Entscheidungen sein dürfte.

Der Oberregisseur des Schauspiels wurde während einer Vorstellung von einem betrunkenen Bühnenarbeiter maßlos angepöbelt und beschimpft. Der Oberregisseur verlangte die sofortige Entfernung dieses Arbeiters. Dieser wird zitiert, steht taumelnd vor dem Chef und lallt in seinem Dusel weitere Grobheiten herunter.

Der Direktor blickt äußerst ernst, und mit salomonischer Präzision entscheidet er: »Also vertragen Sie sich doch, meine Herren.«

Dadurch, daß drei Theater vereinigt waren, wurde ein derartiger Massenbetrieb daraus, daß sich oft die betrüblichsten Verwirrungen ergaben.

Bei den Regiesitzungen, welchen alle Vorstände der Oper

und des Schauspiels anwohnten und in denen der Chef den Vorsitz führte, wurde das Repertoire gemacht. Wenn alles fixiert und zu Papier gebracht war, kam der Theaterdiener Poiser, erklärte das Resultat der Beratungen für Quatsch und machte darauf aufmerksam, daß diese oder jene Darstellerin nicht in zwei Theatern zu gleicher Zeit spielen könne, denn sie wäre doch kein Vogel. –

Oft kam es vor, daß Chargenspieler in allen drei Theatern am selben Abend zu mimen hatten. – Das war derart eingeteilt, daß der Betreffende eine beim Bühnenausgang wartende Droschke bestieg – während der Fahrt »Maske« machte, atemlos ankam, auf die Bühne stürzte und sofort, nachdem er fertig war, ins dritte Theater raste und dort eine dritte Rolle von sich gab. –

Böse Kollegen meinten sogar, daß seitens der Direktorin die Absicht bestünde, im Falle des Ablebens eines Mitgliedes, dessen Leiche in irgendeinem letzten Akt, wo es mehrere Tote gibt, noch wenigstens einmal als Requisit zu verwenden.

Meine Nachforschungen aber haben ergeben, daß dies eine grobe Entstellung war. – Im übrigen bin ich auch fest überzeugt, daß dies von der Breslauer Polizei sicher nicht gestattet worden wäre. Scheu aus sanitären Gründen. –

So jagte ein Scherz den andern – es war eine sonnige, glückliche Zeit.

Nun kam der Abschied – nach Wien ging's – schweren Herzens verließen wir die schöne Stadt.

Bin ich jetzt – nach so vielen Jahren einmal da – so kann ich eine weihevolle, gerührte Stimmung nicht los werden, besuche mit meiner Frau alle Plätze, wo wir so recht glücklich waren, und all das Liebe steht aufs neue vor uns, und immer, wenn bei der Abreise der Zug aus der Halle dampft, halten wir uns bei der Hand und flüstern unserem lieben – lieben Breslau – innigen Dank.

PETER ROSEGGER, 1843 in Krieglach-Alpl/Steiermark geboren und ebendort 1918 im Alter von fünfundsiebzig Jahren begraben, wuchs als ältestes von sieben Kindern eines Waldbauern auf, lernte notdürftig lesen und schreiben, war Viehhüterjunge, Bauernknecht und trat mit siebzehn Jahren in die Lehre bei einem Schneidermeister, der bei den Bauern herumzog. Während dieser Zeit schrieb er »Liedeln und G'schriften«, Gedichte, Erzählungen, schaurig-schöne Dramen und Betrachtungen, die er eines Tages dem Redakteur der Grazer Tagespost, Dr. Svoboda, zusandte, insgesamt »fünfzehn Pfund, vom Verfasser eigenhändig illustriert und von einer haarsträubenden Orthographie«, wie der Empfänger belustigt feststellt. Aber dieser erkannte auch das ursprüngliche naturhafte Erzählertalent darin und ermunterte Peter Rosegger zu weiteren Arbeiten. So gab dieser dann 1865 das Schneiderhandwerk auf und begann seine Lehr- und Wanderjahre als freier Schriftsteller. 1874 erschienen »Die Schriften des Waldschulmeisters«, die ihn mit einem Schlag berühmt machten. Weitere Bücher, »Erdsegen«, »Das ewige Licht«, »Heidepeters Gabriel« u. a. ließen den Erfolg wachsen. Sein »Waldbauernbub« erreichte insgesamt 2 Millionen Auflage. Sein Buch »Waldheimat« fast die halbe Million. Diesem Buch, in dem er aus seiner Jugendzeit und von seiner Schneidermeisterlehre erzählt, wurde das Kapitel »Das Festmahl im Ziselhofe« entnommen. Die nachstehenden einleitenden Worte stammen aus dem Vorwort Peter Roseggers zum »Waldbauernbub«.

PETER ROSEGGER

Kindheitsheimat! – Das uralte Lied, dem man ewig horcht.

Es ist eine der göttlichsten Eigenschaften unserer Seele, daß wir vergangenes Ungemach leichter zu vergessen pflegen als vergangene Freuden, daß sich in der Erinnerung diese Freuden immer mehr von den Schlacken des Ungemachs reinigen, bis sie dastehen wie ein strahlender Himmelsaltar, auch dem alten Kinde noch. Man nennt sie

Träumer, die Menschen, die so gerne ins Vergangene schauen; wir bedenken nicht, daß sie in traumhaftem Glück einen Schatz bewachen, der unverlierbar und unzerstörbar ist – solange die Seele lebt, in der er ruht.

Kindheitsheimat. Ich habe kein Land gefunden in der weiten Welt, das so schön und glückselig wäre wie meine rauhe Bergeshöh zwischen Wäldern und Wiesen. Wenn ich nun aber in diesem Buch von Kindheits- und Jugendtagen des Waldbauernbuben erzähle, so muß man diesen Buben nicht allemal gerade auf meine Person beziehen. Man kann es tun, aber mit einiger Vorsicht. Die Erzählungen wollen zu jener Gattung von Wahrheit gehören, welche durch den Poeten ins allgemeine gehoben wird und den ganzen Menschen zeigt.

Grundlage dieser Schriften sind meine Erlebnisse in jenen Bergen, zu jener Zeit von etwa 1848 bis 1870, und auch Erlebnisse anderer, die mit mir und um mich gewesen sind. Es ist wohl schon mancher Kopf darüber geschüttelt worden, wieso ich in meiner Bauernhütte all die Zustände und Sitten und die vielen wunderlichen Kerle kennengelernt hätte, ob sie dann gleich so von allen Talgründen, Waldwinkeln und Almmatten herbeigekommen wären, um sich von mir beschreiben zulassen. Nun, Volksstudien habe ich in der Tat keine gemacht, ich habe die Leute nicht studiert, ich habe nur mit ihnen gelebt in guten und bösen Tagen. Und zwar nicht bloß in *einer* Hütte. Siebenundsechzig Bauernhöfe sind zu zählen, in denen ich als Handwerker gelebt, gearbeitet, gelitten und dem Himmel Löcher geschlagen habe vor Freudigkeit. Dann des Jungen flinke Beine, die überall sein wollten, die welt- und himmelsgierige Seele des kleinen Guckinsleben, endlich das bißchen Dichterlatein – das alles zusammen gibt am Ende doch etwas, was des Aufschauens wert ist ...

Was war ich doch für ein armer Schlucker, ohne es zu wissen, für ein lustaufflatternder Schwärmer, ohne es zu dürfen, und was bisweilen für ein Lausbub, ohne es zu wollen! Ich tat aber, was mir lieb war, ohne viel zu fragen. Weil die ganze schöne Welt anderen gehörte, so schuf ich mir meine eigene; nun, sie ist auch danach geworden. Der Spaß ward zum Ernst, der Ernst zum Spiel, das Spiel zum Leben, und jetzt war es, als wäre ich in allen Waldbauernleuten und alle wären in mir – als wäre ich der einfältige, hundertfältige, der weltüberlegene, ewige Waldbauernbub.

Jene Zeiten sind vorbei, aber *das* ist nicht vorbeigegangen. Das ist geblieben. Wie das uralte Waldbauernhaus noch steht, verlassen und vergessen mitten in junger Waldwildnis, so stehen die alten Gestalten in den wuchernden Erinnerungen. Mir bringen sie die Jugend zurück. Dem Leser vielleicht ein wenig kühle Waldluft und schuldlose Kindesfroheit.

Das Festmahl im Ziselhofe

Ich wüßte aus meinem jetzigen Leben keine Freude herzunehmen, welche an Schein und Gehalt jener vergleichbar wäre, da mein Meister die Maßfäden von seinem Nacken nestelte, das Nadelkissen, welches mit seinen Nadeln die ganze Woche über wie ein kleiner Igel auf dem Tische gekauert war, zu rupfen begann, das Ränzlein zum Einpacken auf den Tisch legte und es mählich zu stopfen anhub.

»Lassen wir Feierabend!« sagte er.

Ich tat allemal auf dieses wunderschöne Wort nichts desgleichen und nähte noch etliche Stiche weiter, daß der Meister nicht merken sollte, wie der Schlingel schon lange innerlich nach dem Spruche gelechzt habe, der ihm auf sechsunddreißig Stunden die Freiheit gab.

»Laß es gut sein«, sprach er dann, »und leg' das Zeug schön zusammen. Bis wir heimkommen, wird's finster sein.«

Die Bäuerin hatte stets schon eine geraume Weile heimlich gespäht, wann wir Anstalten zum Feierabend treffen wollten, denn da mußte die »Fortgehjause« fertig sein; sie will die Strauben (Eier mit Mehl in Schmalz gebacken) frisch ausgekocht und nicht abgestanden auf den Tisch bringen, eine Sorge, die nicht die kleinste ist unter den Sorgen einer Hausfrau.

Eine richtige Bäuerin an ihrem Herde ißt bekanntlich nicht, sie wird satt vom Kosten, vom Geruch ihrer Speisen und vom Lobe, das man ihnen zollt. Und gerade nach dem Handwerkerlobe steht ihr der Gaumen, wie es dem Gourmand nach Nachtigallzungen gelüstet. Denn das ist etwas Delikates; der Handwerker ist auf seinen Wanderungen von einer Küche zur anderen ein Feinschmecker geworden, und eben er ist es, der den Leumund einer guten Köchin weiterträgt von Haus zu Haus und in alle Welt verbreitet. Daher müssen solche Zungen bestochen werden mit dem Feinsten, was die Küche zu bieten vermag.

Auch ich habe diesen Vorteil genossen; aber die »Fortgehjausen« hat mir niemals gemundet. Das Wort: »Lassen wir Feierabend« hatte mein Herz jedesmal in dem Maße geschwellt, daß der Magen nachgerade in den Winkel gedrückt wurde. Die mancherlei Umstände, die an der Fortgehjause hingen, als die Lobsprüche über das »rechtschaffen gute Essen«, das »Vergeltsgottsagen« und »Behütgottnehmen« waren mir lästig; nur fort aus der Stube, nur ins Freie und Weite, nur meinem Waldhause zu!

Für den Meister kam, wenn wir die Ster vollendet hatten, nach der Fortgehjause etwas, das ihm zumeist freilich noch lieber war, als die Freie und die Weite. Es kam der Bauer, wetzte und schleifte so eine Weile um den Kasten und um den Tisch, kraute sich auch wohl den Haarstrupp und entschloß sich endlich zur Frage: »Tät' ich halt jetzt fragen, Schneider, was die Schuldigkeit wär'?«

Es stak häufig viel Angst in dieser Frage, und es stak auch viel Angst in der Antwort. Gegen Ende der Ster hatte den Meister allemal der Gedanke beschäftigt: Der Bauer, wird er zahlen, oder wird er schuldig bleiben? – Mein lieber Meister hatte niemals über Gebühr gerechnet und stand nicht danach, daß ihm dieser Entscheid so gleichgültig sein konnte, maßen mancher Arbeitgeber das »Schuldigbleiben« in dem bekannten Sinn des Till Eulenspiegel aufzufassen liebte und schuldig *blieb.* So geschah es denn jedesmal mit beklommener Brust, wenn der Meister den verdienten Lohn aussprach: »Wir haben unser zwei eine Woche gearbeitet; für einen des Tages vierzig Kreuzer, tät' zusammen gerade vier Gulden achtzig Kreuzer ausmachen.«

»Ist schon recht«, sagte der Bauer, und wenn er das sagte und sonst nichts mehr, so war es gut. Dann lag das Geld auf dem Tisch. Wenn er aber sagte: »Vier Gulden und achtzig – so so. Na, viel tät's eh' nit sein, soweit rechtschaffen zufrieden, aber halt das schlechte Jahr, das ich heuer wieder gehabt hab'; der Schauer hat mich troffen, Holz haben wir keines mögen auf die Kohlstatt bringen, weil das Wasser den Weg just frei so viel zerrissen hat und mit dem Vieh ist auch nichts zu machen gewesen – deswegen tät' ich halt wohl recht schön bitten, wenn –«

Es war zum Erbarmen, in solchen Augenblicken des Meisters Märtyrium auf seinem Gesicht zu lesen. Die Rede, die hier so weich und gütlich gesprochen wurde, als Schauer zerschlug sie dem guten Meister die Ernte, als Wasser zerriß sie seine Wege, als Seuche wütete sie in seinem Viehstand, denn seiner Hände Erwerb war alles, was er hatte.

Die Hauptsache war demnach heraus, der Bauer setzte nur noch bei: »Wenn halt der Meister ein kleines Nachwarten wollt' haben.«

»Wegen einem kleinen Randel (Weilchen)«, meinte der Meister allemal etwas gedämpft, »wird's nicht aus sein.«

Wird dem Bauer ganz warm ums Herz, daß die gefürchtete Sach' so rasch und gut abläuft. »Will schon trachten«, sagt er, »daß ich ehzeit zahlen kann, will schon trachten, bin wohl recht froh.«

Der Meister schweigt, er weiß, von nun an hat er einen mehr von denen, die ihm auf dem Kirchweg ausweichen werden.

Außer dem Zahlen oder Nichtzahlen gab's zu Ende der Ster auch noch was anderes, was mir die Wonne des Feierabends oft höllisch verbitterte. Es ist der Brauch, daß der Meister vom Arbeitgeber nach vollendeter Arbeit den »Sterlaib« kriegt. Das ist ein großer Laib Weißbrot für die Familie des Meisters daheim. Da mein Meister weder Frau noch Junge hatte, denen er Futter hätte zutragen müssen, so ließ er sich den Sterlaib zumeist in Geld ausfolgen, wobei er ebenso bescheiden als unartig war, bescheiden, weil er sich stets mit ein paar Sechsern begnügte, unartig, weil er den großen schönen Laib mit dem hohen glänzenden Bauch, in welchen die Bäuerin alle Sorgfalt und den ganzen Stolz einer Backfrau hineingebacken hatte, nicht höher, als auf ein paar Sechser taxierte. Der Bauer dachte sich: Da behalt' ich mir das schöne Brot selber, schmier' mir Honig drauf und esse eine ganze Woche dran – und zahlte die Sechser; die Bäuerin dachte sich: Tust nicht recht, Schneider, daß du meinen Laib verschmähst! Gib acht, derredetes (verschmähtes) Brot wird viel gegessen. Der Lehrling dachte sich: Juchhe, da brauch' ich das Ungeheuer nicht zu schleppen! Und der Meister dachte sich: Um die zwei Sechser zwei Seidl Wein sind mir lieber, als ein Laib trocken Brot.

Der ungarische Schneider – daß mir dieser Mensch doch immer unter die Feder laufen muß! – war aber einer, der mit jeder Bäuerin so gut stand, daß er ihren Laib selten verschmähte; doch vertraute er einmal seinem Freund, dem Schmiedfranzel aus dem Schwendgraben, er esse solches Brot lieber mit einem ei, als mit einem ai, worauf der Schmiedfranzel antwortete: Mit einem Ei wäre es auch besser. Die Lotter waren einer wie der andere.

Mancher Bauer steifte sich und sagte: Wenn wir das Brot nicht wollten, Geld gebe es keines dafür; so wollte der Meister das Brot, und ich mußte den Laib mir auf den Rücken binden lassen und trappelte solcherart wie ein kleines Kamel hinter dem Meister her.

Sitte ist auch, daß der Handwerker an den Sonn- und Feiertagen, die zwischen oder unmittelbar nach Schluß der Ster zu stehen kommen, vom Arbeitgeber zum Mittagessen eingeladen werde. Liegt ein Haus aber gar zu weit von der Wohnung des Handwerkers, oder der Kirche, wo er zum Gottesdienste ist, abseits, so wird das Mittagsmahl wohl auch mit einem mäßigen Geldbetrag vergütet. Der großherzige Bauer jedoch lädt seine Handwerker anstatt für den nächsten Sonn- oder Feiertag gern für einen hohen Festtag ein, da sich seine Küche hervortut und er seinem Hausgesinde ein stattliches Mahl zu geben gewohnt ist. So war es mitten im Sommer, daß wir im Ziselhofe unsere Ster beendeten, und der Bauer, nachdem er den Lohn proper mit einer Zehnerbanknote bezahlt, für den Sterlaib noch zwei Silberzwanziger auf das Papier gelegt hatte, in seiner höflichen Weise die Einladung machte: »Für den nächsten Sonntag zum Essen, das täte sich bei der Abgelegenheit meines Hauses wohl nicht auszahlen; aber am heiligen Christtag, Schneider, tut's mir zum Mittagsmahl kommen – nicht vergessen.«

»Werden schon kommen, wenn wir noch leben«, antwortete der Meister.

Da schaute der Bauer so drein, ob's dem Meister nicht etwa doch zu lange hingezogen wäre mit dem Mittagsmahl. »Will's auch zahlen«, sagte er, »wenn's euch lieber ist.«

»Beileib' nicht, Bauer, der Christtag bei dir ist uns schon recht. Und sollte einer von uns Schneidern nicht mehr da sein, so gib dafür das Mittagsmahl dem alten Schandhans.«

Der Schandhans war in Ehren grau geworden und lebte zu jener Zeit in einer Halterhütte als Besenbinder. Es ging ihm sehr schlecht, sein Name Johann Schand hatte ihn eigentlich zum Bettelmann gemacht. In der Jugend soll er im Begriffe gewesen sein, eine reiche Heirat zu machen: aber die Verwandten und besonderen Bekannten der Braut hatten diese so viel und so lange mit dem *Schand*bräutigam geneckt, daß sie den guten Hans stehen gelassen hat und einen anderen Burschen mit viel schönerem Namen zugelaufen ist, der sie aber erst recht in die Schand' gebracht haben soll. Wenn sich die meisten Leute auch über den Namen des ehrlichen, gutmütigen Hans hinaussetzten, so konnte man doch nicht behaupten, daß derselbe für den Träger eine besondere Empfehlung war, und dem Armen ging's in seinem Alter, wie es tausend anderen geht, sie mögen übrigens heißen, wie sie wollen.

Dieser Mann also war im Falle unserer Abwesenheit für den Christtag im Ziselhofe zum Mittagsmahl bestimmt gewesen.

Es kam der Winter, und am Christtag nach dem Gottesdienst stand der Ziselhofer schon auf dem Kirchplatz und fahndete nach uns und wir sollten mit ihm kommen.

Nun war aber an demselben Tage ein solches Schneegestöber, daß man – wie der Egghofer zu St. Kathrein gern sagte – schier meinte, es habe im Himmel einen Bettler zerrissen, weil so viele Fetzen herabfielen. Die Leute auf dem Kirchplatz sahen wie Schneemänner aus, nur daß sie nicht so starr dastanden, sondern sich beizeiten aus dem wehenden Schneestaube machten. Bis zum Ziselhofe war es weit über eine Stunde, und doch gingen wir mit dem Bauer, fürs erste, um ihm den Beweis zu liefern, wie hoch wir die Ehre, daß er uns zum Christmahle geladen, zu würdigen wußten, und für's zweite, weil wir kein anderes Mittagsmahl in Bereitschaft hatten.

Mit Mühe und Not kamen wir zum Ziselhofe. Ein ganz besonderer Duft, der uns aus dem Hause entgegenwehte, deutete sofort an, daß es sich der Mühsal verlohnen werde.

Als wir in die große Stube traten, wo wir im Sommer unsere Werkstatt aufgeschlagen gehabt, wandte ich meinen Blick vorerst auf den Hausaltar hinter der Tischecke, ob die lieben Heiligen wohl noch alle da wären, die uns dazumal bei der Arbeit so still zugeschaut hatten; auf sie wollte ich mich heute berufen, wenn ich allzu tief in den Genuß der Fleischkrapfen versinken sollte: sie hatten es durch ihre gläsernen Tafeln heraus gesehen, wie ich mir die Sache redlich verdient.

Auf den Bänken der Stube saßen die Knechte des Ziselhofes in ihren weiten und schneeweißen Hemdärmeln herum und rauchten ihre Sonntagspfeifen; eins vor dem Essen, das soll Appetit machen; sie hatten zwar schon vom Kirchweg eine erlesene Essenslust mit heimgebracht, aber heute konnte der Appetit nicht zu groß sein – das wußten sie. Nur dem kleinen Friedel, dem Schafjodel, wie sie ihn hießen, weil er die Schafherde verpflegte, hätte ich es nicht raten mögen, jetzt zu rauchen. Denn er tat's das erstemal. Und wahrhaftig, als die vorderste Schüssel herangedampft kam und der Bauer das Tischgebet lostat, war mein Schafjodel aus der Stube verschwunden, und ist die ganze Mahlzeit über nicht mehr gesehen worden.

Als wir uns zusammensetzten – mein Meister und ich wurden höflich auf den Ehrenplatz geschoben – ward uns eine Überraschung zuteil.

»Schandhans!« rief der Ziselhofer mit seiner weichen Fistelstimme, nach deren Flöten die ganze große Wirtschaft tanzte und der besonders zu dieser Stunde bereitwilligst gehorcht wurde, »Schandhans, geh' nur her und setz' dich zu den Schneidern.«

Jetzt kroch vom dämmerigen Ofenwinkel ein altes, verdammt buckeliges Männchen hervor, aber heute hübsch glatt rasiert und gekämmt und ein sauberes Sonntagsgewand am Leibe. Er machte so etwas wie eine Verneigung vor den Schneidern und rückte sich dann zu ihnen, und saß ganz klein da, daß kaum seine breiten Achseln ein wenig über den Tisch heraufragten. Macht aber nichts heute, wenn nur der Kopf mit dem Munde zugegen, so ist's genug. Das alte Männlein betrug sich gar sittsam und bescheiden und wartete fast mit jedem Löffelvoll, bis es dazu vom Bauer extra eingeladen und genötigt wurde, und schämte sich fast ein bißchen, daß es auf der Welt war.

Mein Meister hatte, als der Schandhans vorgerückt war, den Bauer so von der Seite angelugt, und der Bauer wieder den Meister, so daß sich die Augen unterwegs begegneten und gute Bekanntschaft machten. – Ist's recht? fragten die des Ziselhofers. – Das gefreut mich von dir, Bauer, sagten die des Meisters. – Ist dein Wunsch christlich gewesen, sagten die Augen des Bauers, so wird wohl mein Christtagstisch auch christlich sein müssen. Der arme Mann soll heute mit uns essen, weil du ihn geladen hast, euch Gästen zur Ehr'! – Sagten hierauf die Augen meines Meisters: Ich arbeite schon seit dreißig Jahren in deinem Haus, und daß ich dir noch nicht ein handbreit Tuch stibiezt hab', das gefreut mich heute zweifach.

Aller anderen Augen hatten jetzt keine Zeit zum Plaudern, sie hüpften in der Schüssel um, nur daß etwa der Großknecht einmal die Großdirn anblinzelte: wie es heut' schmecke?

Der drallen Ziselhoferin aber, die, während wir aßen, immer am Herde waltete und zwei flinke Küchenmägde beschäftigte, ihr setze ich aus Dankbarheit hier ein Denkmal.

Zuerst kam eine große Schüssel würziger Rindsuppe, in welche der Bauer mit würdiger Opferhand Weißbrot schnitt. Die Suppe aßen wir aus der gemeinsamen Schüssel. So auch aus der zweiten Schüssel das reichlich mit Speck eingebrühte Grubenkraut, dessen Erinnerung noch heute imstande ist, mir in Zähnen und Gaumen begehrliche Gelüste zu wecken. Dann kam wieder eine Schüssel mit Rindsuppe, in welcher sich ein Schock dampfender Weizenknödel mit Semmel und Speck gefüllt herumwalkte. Diese Schüssel hatte einen Seitengänger, einen mächtigen Topf mit geräuchertem Schweinefleisch, aus welchem der Ziselhofer vermittelst einer Gabel jedem ein redlich Stück auf den Teller legte. Dabei fragte er allemal an: lieber feist oder mager? Nach feist war großes Begehren, nur wir Schneider erbaten uns mager, und der kleine Schandhans flüsterte: »O, vergelt's Gott, ich hab' schon rechtschaffen genug.«

»Oho!« rief der Ziselhofer, »das dürft' nicht sein, wir fangen ja erst an.«

Hierauf kam eine Schüssel Rindfleisch und ein Gefolge von Krentunktöpfen. Jeder nahm seinen Fleischlempen (großes Stück), tranchierte ihn auf dem hölzernen Teller und tauchte die Stücke mit der Gabel in den Kren.

Nach diesem Aufzuge erschienen Schweinsfüße in Sulze,

hübsch mit Pfeffer gezuckert. Diese Schüssel sah aus, wie ein zugefrorener Teich mit Asche bestreut.

»Da wär es zum Eisschießen« (ein Volksspiel auf dem Eise), bemerkte einer der Knechte.

»Ich denke, wir brechen es auf und fischen«, sagte der Bauer und riß mit seinem Instrument die Schweinsfüße mitsamt Haar und Klauen aus der Sulze empor. Als wir daran aßen, sagte die Weidmagd folgendes Wort: »Du verhöllte Sau, du bist mir im vorigen Sommer oft genug davongelaufen, jetzt das ist dein letztes Laufen!« und steckte den Schweinsfuß in den Mund.

Nach diesem Gerichte wankte, von den runden Armen einer Magd getragen, eine ungeheure Schüssel hoch aufgespeichert wie ein Scheiterstoß – die Krapfen – heran. Es waren große, viereckige Kuchen, üppig aufgebläht und mit Zucker überpfeffert. Auf den steirischen Bauerntisch kommen seit Bestehen der Welt keine solchen Krapfen, ohne daß einer die Bemerkung täte: »Schau du, heut' hat's in die Schüssel geschneit!« Diesmal sagte es der Unterknecht, und der Waldbub setzte bei: »Ja, Unterknecht, du wirst eher als ich einen Wein trinken, hab's gerad' auch sagen wollen.«

Das vom Weintrinken ist sprichwörtlich, aber es war nicht uneben angebracht. Der Ziselhofer erinnerte sich an das schwere, kühle Fäßchen, welches er auf der Wandbank stehen hatte. Er schenkte jetzt den großen grünen Krug, der bislang mit frischem Wasser um den Tisch gekreist hatte, mit Wein voll, und jetzt gab es – des mußten sicherlich die fetten Krapfen Ursach' haben – weit mehr durstige Leute an dem Tisch, als früher. Der Krug hatte dort, wo es herausrann, einen scharfen Schnabel, und da hielt mancher seinen Mund hübsch lange an diesen Schnabel und die Kuhdirn fragte den Hausvater: »Bauer, wo kaufst denn du die Krüge, daß es daraus so gut zu trinken ist?«

»Beim Stockerwirt«, antwortete der Ziselhofer.

»Ja«, rief die Magd einfältig aus, »seit wann kriegt man denn beim Stocker Trinkkrüge?«

»Trinkkrüge nicht«, schmunzelte der Bauer, »aber das, was hineingehört.«

Der Schandhans ließ sich zu jedem Trunke nötigen und wischte sich allemal, bevor er ihn tat, mit großer Sorgfalt den Mund ab; dieser Umstand bewog mich, meinen Durst so zu regeln, daß er immer unmittelbar nach dem Schandhans zur Stillung kam.

Die Krapfen sprachen in ihrer Überzahl den Essern Hohn; der größte Ansturm war gebrochen, ein guter Rest des schweren Geschützes wanderte in die Küche zurück. Alsbald kam eine Schüssel mit gekochten Zwetschken in der Suppe. Diese wurden vernichtet. Dann erschien in wuchtigen Stücken der Braten, dessen dicke, wohlgeschmorte Speckhaut in tiefen Schrammen klaffte. Als Zugabe appetitlich in Schüsselchen aufgeschnitten, mit Weinessig und Kümmel zubereitet, rote Rüben.

Hier wurden meinem kleinen Nachbar die alten Augen naß. – Er möchte noch gern und er kann nicht mehr.

»Bradel eß' ich wohl, ich«, sagte der Großknecht und tat, was er sagte – und tat's gründlich.

Nach dem Braten kam – es ist die volle Wahrheit, ich schildere nur ein gewöhnliches Festmahl bei den oberländischen Großbauern – das Schmalzkoch, oder wie es näher bezeichnet heißt – das deutschweitzene Griesschmalzkoch.

Der Brei schwimmt, wie es sein muß, in Schmalz und ist reich bespickt mit Korinthen und Zibeben, was auch jedesmal zur Bemerkung Anlaß gibt, wieso denn der Köchin so viel Fliegen ins Koch gefallen wären?

Dieses Gericht erfreute sich nur mehr eines matten Zuspruchs, was indes die Hausfrau nicht hinderte, sofort eine mächtige Schüssel mit Branntweinnudeln auf den Tisch zu schicken. Das waren kleine, in Schmalz gebackene, in Branntwein gedünstete und extra noch mit Branntwein und Zucker überschüttete Kräpfchen, deren Duft schon imstande war zu berauschen. Männiglich nahm die Gabel wieder zur Hand und zuletzt den Löffel, um den Branntweinsumpf auf dem Grunde der Schüssel trocken zu legen. Selbst der kleine Schandhans tat hier wacker mit und sein Gesicht zog sich behaglich in die Breite. Während alldem war der stets neugefüllte Weinkrug immer lebhafter ins Kreisen gekommen, die Unterhaltung verwilderte, sogar die Schranken der Achtung gegen die Schneider wurden nicht respektiert; keiner hörte mehr, wenn der Meister sprach, außer der Hausvater.

Mein Meister wurde allemal wehmütig, so oft er Wein trank, auch wenn's ein geschenkter war. So schaute er jetzt vor sich hin und sagte: »Ja mein lieber Gott, wer weiß, ob wir den Christtag noch einmal derleben!«

»Jawohl«, gab der Ziselhofer bei und stopfte sich den Mund mit der letzten guten Branntweinnudel.

Und nun kam aus der Küche noch etwas, von dem der Peter Heidelberger damals stetig behauptete, es richte die Bauernschaft zugrunde. Es war nämlich etwas Neues, aus der Fremde Gekommenes, ein Ding, das für die vornehmen Leute auf der Welt wäre und der Bauersmensch nur aus Hoffart zu sich nähme. Mein Ziselhofer hatte eigentlich dasselbe gesagt, aber seine Hausmutter hatte ihm bewiesen, daß die Sache zu einer rechten Mahlzeit gehöre, daß sie in allen »besseren« Häusern eingeführt sei und daß sie im Grunde um keinen Pfennig mehr koste, als eine Schüssel mit Milchrahm und Semmelschnitten, wie man solche früher als letztes Gericht aufgetragen habe. Auch wußte der Ziselhofer bereits aus Erfahrung, das Ding trinke sich nicht schlecht – und so kam es, daß jetzt durch die weit offene Küchentür eine unermeßliche Schüssel mit Kaffee hereingetragen wurde.

Nicht etwa schwarzer – den kennt man in der Bauernschaft nur als Medizin – sondern Milchrahmkaffee, in welchen jetzt ein halb Dutzend Semmeln geschnitten wurde.

Kein Tropfen davon ist übriggeblieben.

Nach dem Kaffee lugte der Jungknecht nach der Küchentür, ob nicht noch etwas käme, aber der Hausvater sagte gegen meinen Meister und mich gewendet: »Müßt's halt vorlieb nehmen, Schneider, wir sind fertig«, und schlug das Tischgebet an.

Nach demselben stand alles vom Tische auf, das Gesinde der Reihe nach küßte dem Hausvater und der Hausmutter die Hand: »Vergelt's Gott, Bauer, vergelt's Gott fleißig, Bäuerin – vergelt's Gott!«

Wir, die Schneider, hätten gern etwas Feineres gesagt, aber es fiel uns nichts ein; so blieben wir auch beim »Vergelt's Gott«. Der Ziselhofer erwiderte unseren Händedruck und sagte: »Gesegne euch's Gott, 's ist ja nicht viel gewesen, und ich denk', jetzund zünden wir ein Pfeifel an.«

Der kleine Schandhans war im Laufe der Begebenheit hübsch gesprächig geworden, er wollte dem Bauer jetzt beide Hände küssen und da dieser die Bedrohten immer hinter dem Rücken barg, so torkelte der Alte so lange um den Zieselhofer herum, bis er sein Ziel zur Not erreicht hatte.

Nach der Danksagung suchte sich jeder nach Belieben einen Platz zum Sitzen, sei es auf der Wandbank, sei es am Tische, sei es am Ofen oder auch tief unten auf einem Betschemel – man setzte sich, dampfte Tabak an, stocherte die Zähne mit Strohhalmen aus, erzählte, hörte oder duselte ein – je nach Talent und Neigung.

Mein Meister und ich gehörten zu den Zahnstocherern, der kleine Schandhans steckte seinen höllisch rußigen Pfeifentiegel vors Gesicht und als er ins Zeug kam, fragte ihn der Hausvater, was er doch für einen starken Tabak rauche?

»Überreiterkraut«, schmunzelte der Hans; das war Ungarischer, Geschwärzter.

»Vertragst ihn?«

»Muß wohl«, antwortete der Alte, »rauch' ihn fürs Podagra. Wenn mich das Deibelsding rechtschaffen zwickt, so rauch' ich Überreiterkraut.«

»Sollst doch auch sonst was dagegen anwenden«, meinte der allzeit teilnehmende Ziselhofer, »sollst einen Bader fragen.«

»Weißt mir einen, der das Podagra hat?« fragte der Alte.

»Der's hat?«

»Das Podagra muß er haben. Wer das Podagra nicht hat, zu dem hab' ich in der Sach' kein Vertrauen, er weiß nichts und versteht nichts. Mit einem, der das Podagra nicht hat, kann der Mensch gar nicht davon reden. Und zu einem Arzt muß der Mensch Sympathie haben, sag' ich alleweil, wenn er zum Arzt keine Sympathie nicht hat, so kann sein Lebtag auch kein Sympathiemittel nicht helfen.«

»Mag wohl sein, das«, sagte der Ziselhofer, »und hilft der Tabak?«

»Sind halt wohl Tage«, fuhr der Hans fort, »wo auch das Überreiterkraut nicht angreifen will. Nu, da versperrt sich der Mensch in seine Hütten, vergrabt sich in sein Stroh und wartet, bis sich das Gespenst an den Knochen satt genagt hat.«

»Daß dir die Zeit nicht lang wird, Hans, in deiner ödweiligen Hütten, das wundert mich«, so sagte mein Meister, und sprach uns damit allen aus der Seele.

»Ich bind' Besen«, antwortete der Alte.

»Und kommst nicht bisweilen ins Simulieren?« fragte der Meinige – wie die Schneider schon sind, die müssen zu der federleichten Handarbeit allemal auch eine Kopfarbeit haben, aber ja keine solche, wie der alte Bühelsteiger meint, wenn er die Stadtherren ärgern will. »Meine Ochsen arbeiten auch mit dem Kopf«, sagte der Bühelsteiger und bindet den Viehern das Zugjoch an die Hörner. »Ich meine, Hans«, sagte der Meister, »ob du nicht unterschussen (von Zeit zu Zeit) ins Nachdenken drüber kommst, daß andere Leut' um so viel besser leben, als wie du, und gibt's viele dabei, die ihr Lebtag nicht so brav und fleißig gewesen sind wie du.«

»Hab' wohl schon dran gedacht«, meinte der Alte, »hilft aber nichts, so denk' ich nimmer dran und bind' Besen.«

Schüttelten halt mehrere von uns ihre Häupter, was immer gescheit ausschaut und ein Ansehen gibt.

»Ja, was glaubt ihr denn, Leut'!« sagte der Schandhans und tat einen verwunderlichen lauten Lacher, »ich leb' nicht so schlecht, wie es ausschauen mag. Hab' auch meine heimlichen Sünden; wenn ich einmal gestorben bin, so fragt neuding (absichtlich) die Stockerrosel – die weiß was.«

»Aber schneien tut's schon damisch draußen«, sagte der Ziselhofer und legte seine Nase ans Fenster; er fand's nämlich hoch an der Zeit, die Unterhaltung zu wenden, er merkte, im alten ehrlichen Schandhanskopf begann der Wein zu blühen. Ja, das damische Schneien war richtig, aber das Geheimnis der Stockerrosel! Die Rosel war das schönste Dirnlein weit und breit; an Sonntagen war sie vormittags Primadonna auf dem St. Kathreiner Kirchenchor und nachmittags machte sie daheim die Kellnerin und sang den Bauernburschen mit allerlei Schelmenliedchen den Verstand aus dem Kopf. Und dieses Mädel sollte mit dem Schandhans Heimlichkeiten haben?

In der Stube war es dunkel geworden, im Weinkrug auch, so rüsteten wir uns zum Nachhausegehen. Der alte Hans fand auf der Bank sein blaues Sacktuch nicht mehr; das kam jetzt an der Hand der Hausfrau von der Küche herein, als Bündel voll Krapfen und Braten, »daß halt der Hans morgen daheim auch noch was hätt'«.

»Oh, du Narrisch, du guter Narrisch«, stotterte der beglückte Alte der Ziselhoferin vor, »das ist schon gar zu viel, das kann ich nit vergelten, na wart', Hausmutter, da muß ich dir doch nächst einen braven Besen herauftragen.«

Uns gab der Ziselhofer seinen stärksten Knecht mit, daß

er uns den Pfad trete. So schob der baumstarke Kerl voraus, mit seiner Brust wie ein Schneepflug die Gasse bahnend – und hinter ihm drein hasteten die beiden dünnen Schneiderlein, die immerhin noch genug zu tun hatten, um mit Ehren weiterzukommen.

Als wir zu Hause im Stübel saßen, der Meister die Brillen auftat, mit der Schere die Kerze schneuzte und dann seine Hauspostille vornahm, um den heiligen Tag auferbaulich zu beschließen, begann ich im stillen eine Unterlassungssünde zu bereuen und konnte gar nicht begreifen, warum ich beim Mittagsmahle so wenig gegessen hatte. Wohl sagte mir das Gewissen: Beunruhige dich nicht, junger Schneider, du hast gegessen, so viel dir menschenmöglich gewesen!

»Bet' auch was aus dem Büchel!« mahnte der Meister und schneuzte das Licht mit den Fingern, weil's ihm um die Schere für die Länge leid tat. Ich suchte im Überrock mein Gebetbuch und fand im auswendigen Sack einen großen Krapfen. Jetzt, das war ein würdiger Gegenstand meiner Andacht.

Der Schandhans band nach diesem Tage noch eine Zeitlang Besen, dann begab er sich selbst dem Staube.

»Jetzt kommt er mir am Samstagfeierabend nimmer und ich kann ihm sein Schnapsplutzerl nimmer füllen«, so sagte am Tage seines Begräbnisses die schöne Stockerrosel zu den Gästen.

Sein Schnapsplutzerl! Du gute alte Haut – und *das* war dein Geheimnis gewesen.

QUELLENNACHWEIS

(In alphabetischer Folge der Autoren)

ERICH KÄSTNER · *Vom Kleinmaleins des Lebens* S. 53
Aus dem Buch von Erich Kästner »Als ich ein kleiner Junge war«, erschienen im Cecilie Dreßler Verlag, Berlin, mit freundlicher Genehmigung des Autors.

RICHARD KATZ · *Meine liebe Hängematte* S. 109
Aus dem Buch von Richard Katz »Gruß aus der Hängematte/Heitere Erinnerungen«, erschienen im Albert Müller Verlag, Rüschlikon-Zürich.

ECKART VON NASO · *Schlesische Ferientage/Erlebnis Berlin* S. 38
Aus dem Buch von Eckart von Naso »Ich liebe das Leben/Erinnerungen aus fünf Jahrzehnten«, erschienen im Wolfgang Krüger Verlag, Hamburg.

PETER ROSEGGER · *Das Festmahl im Ziselhofe* S. 136
Aus dem Buch von Peter Rosegger »Waldheimat«, erschienen im L. Staackmann Verlag, Bamberg.

RICHARD SEEWALD · *Glück im Atelier* S. 78
Aus dem Buch von Richard Seewald »Gestehe, daß ich glücklich bin/Ein Buch vom Glück des Mannes, in der Landschaft seines Herzens zu leben«, erschienen im Albert Züst Verlag, Hinwil-Zürich. Dieses Buch ist ebenfalls in großer Schrift gedruckt.

FRIEDRICH SIEBURG · *Komm wieder, holdes Bild!* S. 72
Aus dem Buch von Friedrich Sieburg »Unsere schönsten Jahre/Ein Leben mit Paris«, erschienen im Rainer Wunderlich Verlag Hermann Leins in Tübingen.

LEO SLEZAK · *Mein erstes Gastspiel in Prag / Von Brünn über Berlin nach Breslau* S. 121

Aus dem Buch von Leo Slezak »Meine sämtlichen Werke/Der Wortbruch«, erschienen im Rowohlt Verlag, Berlin 1934.

LUIS TRENKER · *Der freundliche Schutzengel / Festliche Geburtstage / Mansueto, der Gütige* S. 88

Aus dem Buch von Luis Trenker »Alles gut gegangen/Geschichten aus meinem Leben«, erschienen im Mosaik Verlag Werner Hörnemann, Hamburg.

CARL ZUCKMAYER · *Ein Augenblick, gelebt im Paradiese . . .*

Aus dem Buch von Carl Zuckmayer »Als wär's ein Stück von mir/ Horen der Freundschaft«, © 1966, Carl Zuckmayer, erschienen im S. Fischer Verlag, Frankfurt a. M.

Von Richard Katz, Eckart von Naso, Peter Rosegger und Richard Seewald finden Sie im Literaturkalender »Spektrum des Geistes« 1968, der ebenfalls im Hartfrid Voss Verlag erscheint, ein Bildnis mit biographischen Notizen und Hinweisen auf weitere Bücher der Autoren. Im übrigen hat sich der Herausgeber bemüht, in den Einführungen zu den einzelnen Stükken die Autoren kurz vorzustellen.

Für die Abdrucksgenehmigung der Stücke sei den betreffenden Autoren und Verlagen an dieser Stelle nochmals gedankt.

Richarz Geschenkbibliothek

Großdruckbücher
Bücher in großer Schrift

Anthologien / Gedichte

Anne Morrow Lindbergh
Muscheln in meiner Hand
136 Seiten. ISBN 3-87585-702-X

Hartfrid Voss (Hrsg.)
Stiller Strandgarten
und andere literarische Kabinettstücke
160 Seiten. ISBN 3-87585-704-6

Heinrich Waggerl
Liebe Dinge
104 Seiten. ISBN 3-87585-721-6

Köstliche Kurzgeschichten
Perlen deutscher Erzählkunst
93 Seiten. ISBN 3-87585-705-4

Richard von Volkmann Leander
Träumereien an französischen Kaminen
160 Seiten mit Illustrationen.
ISBN 3-87585-720-8

Eugen Roth
Geschichten und Verse
160 Seiten. ISBN 3-87585-726-7

Karl Jacobs (Hrsg.)
Großeltern und Enkel
Mancherlei Begegnungen
200 Seiten. ISBN 3-87585-714-3

Zur Lesefreude
160 Seiten. ISBN 3-87585-724-0

Heiteres und Weiteres
Vergnügliche Geschichten
157 Seiten. ISBN 3-87585-727-5

Edition Richarz

Großdruckbücher
Bücher in großer Schrift

Anthologien / Gedichte

Erquickliche Geschichten
160 Seiten. ISBN 3-87585-822-0

Hilde Fürstenberg
Ave Maria · Marienbilder, Gedichte und Legenden.
104 Seiten. ISBN 3-87585-827-1

Glückhaftes Erinnern
160 Seiten. ISBN 3-87585-834-4

Zeltite Hesse
An den Toren des Wunders. Gedichte.
64 Seiten. ISBN 3-87585-843-3

Biographische Romane / Erinnerungen

Frances Gray–Patton
Guten Morgen, Miss Fink
212 Seiten. ISBN 3-87585-836-0

Jurij Trifonow
Das andere Leben
224 Seiten. ISBN 3-87585-856-5

Allan Roy Evans
Der Zug der Rentiere
336 Seiten. ISBN 3-87585-823-0

James Herriot
Der Doktor und das liebe Vieh
240 Seiten. ISBN 3-87585-842-5

Lebensfragen

Margot Benary–Isbert
Das Abenteuer des Alterns
156 Seiten. ISBN 3-87585-806-9